Friedhelm Lessmeier

Kartäuser Britisch Kurzhaar Blau

richtig pflegen und verstehen

Farbfotos:
Ulrike Schanz

Zeichnungen:
Renate Holzner

GU GRÄFE UND UNZER

Inhalt

Vorhergehende Doppelseite: *Auch wenn eine Katze ganz vertieft ins Spiel zu sein scheint – nur selten wird ihr etwas entgehen. »Da hat sich doch etwas bewegt?«*

Einem Ball hinterherjagen gehört zu den Lieblingsspielen von Kätzchen und Katze.

Vorwort

»Teddybär« wird die Britisch Kurzhaar Blau – bekannt als »Kartäuser« – von ihren Anhängern liebevoll genannt. Dennoch ist sie nicht nur Schmusekatze, wie es dieses Attribut vermuten ließe. Unkompliziert und anhänglich, ausgeglichen und freundlich, anpassungsfähig und gelehrig, pflegeleicht und robust – das sind die rassetypischen Merkmale der Kartäuser. Kein Wunder, daß sie eine der beliebtesten unter den Kurzhaarrassen ist!

In diesem Tier-Ratgeber behandelt Friedhelm Lessmeier – international bekannt durch seine erfolgreiche Kartäuser-Zucht »Bavarians Blue« – alle wichtigen Fragen zur artgerechten Haltung dieser kurzhaarigen Edelkatze.

Sie erfahren von ihm, wie man den verantwortungsvollen Züchter ausfindig macht, und was man beim Kauf beachten muß, um zu einer gesunden und »fehlerlosen«, charakterlich gefestigten Kartäuser zu kommen.

Der Autor gibt außerdem Tips zur Eingewöhnung, katzengerechten Wohnungseinrichtung, Gesundheitsvorsorge und Ernährung. Interessierte bekommen wichtige Informationen zu den Themen Hobby-Zucht und Katzen-Ausstellung.

Auf PRAXIS-Seiten finden Sie bewährte Tips mit anschaulichen Zeichnungen zu Erziehung, Beschäftigung, Pflege und Erste Hilfe.

Speziell für dieses Buch gemachte Fotos vermitteln ein lebendiges Bild dieser blaugrauen »Teddybären«.

Viel Freude mit Ihrer Kartäuser wünschen Ihnen der Autor und die GU Naturbuch-Redaktion.

Bitte beachten Sie die »Wichtigen Hinweise« auf Seite 63.

Wissenswertes über Kartäuser

Die Augen der Kartäuser-Babys sind am Anfang noch blau, erst ab der sechsten Woche nehmen sie langsam die typische kupfer- bis orangerote Farbe an.

Von der Wildkatze über die Hauskatze zur Rassekatze

Wenn man bedenkt, daß die gewöhnliche Hauskatze, die erst vor etwa fünftausend Jahren domestiziert wurde, zu den jüngsten Haustieren des Menschen gehört, so kann man sich leicht vorstellen, wie jung die Geschichte der Rassekatze sein muß.

Andere Tiere wie Hunde und Pferde waren längst ständige Begleiter des Menschen, nur der Einzug der Katze fand erst statt, als die Menschen seßhaft wurden, ihre Zelte gegen Häuser tauschten und Vorratskammern anlegten.

Das Anlegen von Vorräten zog nämlich auch weniger erwünschte Haustiere wie Ratten und Mäuse ins Haus. Wie gut, daß ihnen schon bald die Katze folgte: Gewiß nicht aus dem Bedürfnis heraus, den Menschen nahe zu sein, sondern weil sich in der Nähe der Zweibeiner ein gedeckter Tisch bot. Die unwillkommenen Nager in den Speisekammern waren eine leichte Beute! Wohl eher aus praktischen Gründen war die Katze den Menschen deshalb sehr willkommen und wurde mehr und mehr domestiziert. Ein Katzennarr würde aus heutiger Sicht wohl umgekehrt sagen: Die Katzen hatten sich entschlossen, uns Menschen zu dulden. Sie ließen uns bei sich wohnen.

Unsere vierbeinigen Lieblinge hatten es jedoch nicht leicht mit uns. Mal wurden sie aufgrund ihres unergründlichen Wesens als Göttinnen verehrt, mal als Dämoninnen verteufelt oder im Zuge der Hexenverfolgung sogar umgebracht.

Entstehungsgeschichte der Kartäuser

Um die Geschichte der Kartäuser-Katze ranken sich die verschiedensten Legenden. Ob es stimmt, daß sie schon vor Jahrhunderten von Kartäusermönchen in Frankreich gezüchtet wurde, die der Rattenplage Herr werden wollten, oder daß diese Katzen auf dem Handelswege als »blinde Passagiere« aus dem Fernen Osten importiert wurden, läßt sich nicht mehr sagen. Fest steht jedenfalls, daß in Frankreich eine kurzhaarige und robuste Katzenrasse unter dem Namen »Chartreux« gezüchtet wurde und in England eine beinahe identische Rasse unter dem Namen »British Blue« beziehungsweise »British Shorthair«.

Chartreux: Der Name »Chat des Chartreux« für die Kartäuserkatze taucht in Frankreich bereits Anfang des 18. Jahrhunderts auf.

Auf der Insel Belle-Ile bemühten sich die Schwestern Léger in den zwanziger Jahren um den Erhalt der dort vorgefundenen blauen Katzen und züchteten diese unter dem Zwingernamen »De Guerveur«.

1935 gab es für die Chartreux in Frankreich den ersten Rassestandard. Die Zuchtbasis war jedoch nicht sehr groß, und um den Grad an Inzucht nicht zu überschreiten, konnten die vorhandenen Chartreux-Katzen bald nicht mehr miteinander gekreuzt werden.

Britisch Kurzhaar Blau: Aus England wurde deshalb neues Zuchtpotential geholt, und zwar die am nächsten verwandte Britisch Kurzhaar Blau, die es dort seit Ende des 19. Jahrhunderts gab. Mit ihrem runden Kopf und dem

Ist die Katze in Spiellaune, hascht sie mit ausgezogenen Krallen nach allem, was sich bewegt.

kompakten Körper kam sie dem gewünschten Rassestandard näher als die Chartreux. Der schlankere französische Typ, in den außer den Briten und Persern auch Russisch Blaue eingekreuzt wurden, war bald weniger gefragt.

Kartäuser: Das Ursprungsland der in diesem Ratgeber beschriebenen blauen Kartäuser ist England.

In Deutschland und in den Niederlanden waren die Züchter seit dem Ende des 2. Weltkriegs bemüht, den blauen britischen Typ zu vervollkommnen, sie machten diesen zu ihrer »Kartäuser«. Sie profitierten durch Importe von dem in England vorhandenen ausgezeichneten Zuchtstandard. Ende der 60er Jahre gab es in Deutschland bereits hervorragende »Blaue«. Perserkatzen trugen zur Blutauffrischung und vor allem zur Typ-Verbesserung bei.

Einteilung in Rassen

Was die exakte Einteilung der Rassen betrifft, herrscht bei den europäischen Kurzhaarkatzen jedoch einiges Durcheinander, dem der Laie nur noch schwer folgen kann:

- 1967 wurden die Chartreux und die British Shorthair aufgrund ihrer Ähnlichkeit zu einer Rasse zusammengefaßt.
- 1977 wurde die Chartreux aufgrund eines Beschlusses der FIFe (Fédération International Féline) von der British Shorthair und der Europäisch Kurzhaar getrennt. In Deutschland erhielten die blauen Briten den Zusatz »Kartäuser«.
- 1982 kam es in der FIFe zur Trennung von Britisch und Europäisch Kurzhaar.
- Seit 1991 ist innerhalb der FIFe der Zusatz »Kartäuser« gestrichen, und die alleinige Bezeichnung lautet »Britisch Kurzhaar Blau« (BKH). Bei anderen Verbänden, wie beispielsweise der D.R.U. (Deutsche Rassekatzen-Union, →Adressen, Seite 63), heißt diese Rasse nach wie vor »Kartäuser«.

Wenn wir im Volksmund von der Kartäuser-Katze sprechen, meinen wir fast ausschließlich die Britisch Kurzhaar Blau, zu deren engsten Verwandten eine ganze »Farbpalette« zählt.

Muskulös und kompakt – so hat die Kartäuser-Katze laut Rasse-Standard auszusehen.

FIFe – Fédération Internationale Féline

Die FIFe ist eine Dachorganisation, der weltweit 33 Katzen-Verbände angeschlossen sind – in Deutschland zum Beispiel der 1. DEKZV (Erster deutscher Edelkatzenzüchterverband).

Die FIFe legt den Rasse-Standard fest sowie die anerkannten Farbvarianten. Die in diesem Ratgeber beschriebene Kartäuser, die Britisch Kurzhaar Blau, hat zum Beispiel die Bezeichnung »BRi-a« (BRi = Brite, a = blau). Diese Nummer ist im Stammbaum eingetragen und bestätigt Rassezugehörigkeit und Farbschlag. In der Tabelle auf Seite 11 finden Sie alle derzeit anerkannten Farbvarianten der Britisch Kurzhaar.

Kartäuser-Steckbrief

Körper: Groß bis mittelgroß, gedrungen, kompakt = »cobby«, muskulös; breite Brust, massive, breite Schultern und breiter Rücken.
Kopf: Runde Form und massiv, breiter Schädel.
Gewicht: Kater: 5 bis 8 kg, Katze: 4 bis 6 kg.
Beine/Pfoten: Kurze und stämmige Beine; runde, geschlossene und kräftige Pfoten; Fußballen und Nasenspiegel bei den Blauen grau, bei den anderen analog der Fellfarbe.
Schwanz: Kurz (passend zum Körper), im ganzen stark, mit rundem Ende.
Nase: Gerade, breit und kurz mit leichter Einbuchtung, allerdings kein Stop (starker Knick).
Ohren: Klein und an den Spitzen leicht abgerundet, weit gestellt.
Augen: Groß, rund und weit geöffnet, breiter Abstand.
Augenfarbe: Kupfer/orange bei Kartäusern und den anderen Farbvarianten; blau bei den Colourpoints; grün bei den Silber- und Goldvarianten.
Hals: Der Kopf sitzt auf einem kurzen, kräftigen und gut entwickelten Hals.
Fell: Kurz und dicht, feine Textur mit dichter Unterwolle. Das Fell muß abstehen, die Haare sollen durchgefärbt sein, das heißt einheitlich von den Deckhaaren (Spitze) bis zur Unterwolle (Haarwurzel). Hiervon ausgenommen sind die Silber- und Tabbyvarietäten.
Temperatur- und Wetterempfindlichkeit: Die Kartäuser verträgt problemlos extreme Hitze sowie klirrende Kälte und ist absolut unempfindlich gegen Temperaturschwankungen.
Wesen: Sie ist eine besonders robuste, widerstandsfähige Katze, sehr anpassungsfähig, kinderlieb und pflegeleicht. Sie ist dem Menschen sehr zugetan, beansprucht ihn jedoch nie ganz, dennoch ist sie oft anhänglich wie ein Hund. Sie hat ein ausgeglichenes und äußerst ruhiges Wesen und ist daher ein idealer Hausgenosse. Wenn es sein muß, verschafft sie sich Respekt, ohne boshaft zu werden. Üble Launen oder mürrisches Nachtragen sind ihr fremd. Sie ist unkompliziert im Zusammenleben mit Artgenossen oder anderen Heimtieren, wie zum Beispiel Hunden. Kurz: die Kartäuser ist im Temperament ruhiger als eine gewöhnliche Hauskatze, aber agiler als eine Perserkatze.
Andere Farbvarianten der Britisch Kurzhaar, wie die Britisch Colourpoint und alle Silber- und Goldvarianten, sind temperamentvoller und lebhafter als die Kartäuser, die wie alle farbverdünnten Varianten in der Regel im Wesen sanfter ist.

Zu zweit träumt sich's doch am schönsten!

Fehler: Mund- und Zahndeformationen sowie alle anatomischen Abweichungen, Schwanz-Deformationen, Spreiz-Fußballen, falsche Fußballenfarbe, Pinch (zu ausgeprägte Schnurrhaarkissen), grüner Ring um Pupille (gilt nur für kupfer- und orangerote Augenfarbe), zu schwaches Kinn, zu langes oder zu flauschiges Fell.

BKH Lilac: Bavarians Blue Choco Flight, etwa 10 Monate alt, ♂.

BKH Creme: Fridolin von Wernerwald, etwa 12 Monate alt, ♂.

Einfarbige Varianten der Britisch Kurzhaar

Die einfarbigen Varianten der Britisch Kurzhaar (BKH) sind unterteilt in vollfarbige und farbverdünnte Exemplare. So ist unsere blaue Kartäuser ein Ergebnis der Farbverdünnung von Schwarz. Eine cremefarbene BKH ist durch die Verdünnung einer roten (→ Seite 20) entstanden, eine lilac durch die Verdünnung einer chocolate.
Außer den einfarbigen Tieren zählen zur Farbpalette der Britisch Kurzhaar auch noch getigerte, gestromte und getupfte Varianten sowie die sogenannten Maskentiere (Colourpoints; → Tabelle, Seite 11).

BKH Schwarz: Eddy's Dizzy Miss Lizzy, 3 Jahre alt, ♀.

BKH Blau: Bavarians Blue Big William, 2 Jahre alt, ♂.

BKH Chocolate: Bavarians Blue Choco Gipsy, 7 Monate alt, ♀.

Eigenschaften der Kartäuser

Typische Eigenschaften der Kartäuser lassen sich gut anhand von Beispielen darstellen.

Unkompliziert und anpassungsfähig: Ohne die eigenen Interessen aus den Augen zu verlieren, passen Kartäuser sich schnell neuen Situationen an. Gewöhnt man sie von Jugend an daran, machen sie alle Besuche, Einkaufsgänge und Reisen mit.

Beispiel: Lady F. durfte sich einmal in Mailand auf einer internationalen Ausstellung zeigen. Wir reisten per Flugzeug – für Lady F. kein Problem, denn sie fand überall Beachtung, auch beim

Katzenbabys suchen sich gern originelle Schlafgelegenheiten aus.

Flugpersonal. Die Hotelnacht verbrachte sie in Herrchens Bett, ihr Lieblingsfressen gab's auch ... Für mich war die Reise ziemlich anstrengend. Lady F. hingegen kam völlig ruhig und ausgeglichen wieder daheim an.

Menschenbezogen und kinderfreundlich: Kartäuser kontrollieren Besucher intensiv durch Riechen, nehmen auch gern eine Streicheleinheit entgegen, um sich dann majestätisch zurückzuziehen und das Geschehen entspannt aus der Distanz zu betrachten. Kindern schließen sie sich gern als Spielgefährten an.

Beispiel: Big William lebt glücklich in einer Familie mit zwei Kindern. Er spielt besonders gern mit dem vierjährigen Philipp, indem er ihm zum Beispiel die Bauklötze mit zarten Pfoten zuspielt. Und zum Ausruhen legt er sich ins Kinderzimmer, um seinen beiden Freunden so nah wie möglich zu sein.

Intelligent und gelehrig: Kartäuser besitzen eine hohe Lern- und Merkfähigkeit. Sollte es ihnen zum Beispiel einmal gelungen sein, eine Türe zu öffnen, verlernen sie dies bestimmt nicht mehr.

Beispiel: Meine Eliza möchte jeden Morgen nach dem Frühstück auf die Terrasse gehen. Sollte ich vergessen haben, die Türe zu öffnen, macht sie sie eben selbst auf. Es kann dann auch passieren, daß sie mich aussperrt.

Beharrlich und beständig: Haben sich Kartäuser an einen bestimmten Tagesablauf gewöhnt, bestehen sie auch auf dessen Einhaltung.

Beispiel: Lady F. macht mir sonntagmorgens, wenn ich gern ausschlafen möchte, durch enormes Schmusen und Miauen unmißverständlich klar, daß jetzt Zeit zum Füttern ist.

Mutig und gelassen: Ausgewachsene Kartäuser sind in der Regel nicht ängstlich. In prekären Situationen geraten sie nicht gleich in Panik, sondern behalten den Überblick.

Beispiel: Der $2^1/_2$ jährige Hunty lebt zusammen mit dem fünfmonatigen Kalli bei Freunden. Dort kam einmal Besuch – Menschen mit großem Hund. Der kleine Kalli wollte dem Eindringling entgegengehen. Dieses wurde von Hunty unterbunden, indem er ihn mit Genickbiß nach hinten in Sicherheit brachte und sich dann vor dem Hund zischend und knurrend aufbaute, bis die Hundebesitzer ihren Vierbeiner wegnahmen.

Farbvarianten der Britisch Kurzhaar

Farbe	FIFe-Nr.
Schwarz	BRi-n
Blau	BRi-a (Kartäuser)
Chocolate	BRi-b
Lilac	BRi-c
Rot	BRi-d
Creme	BRi-e
Schwarz schildpatt	BRi-f
Blau schildpatt	BRi-g
Chocolate schildpatt	BRi-h
Lilac schildpatt	BRi-j
Weiß mit blauen Augen	BRi-w-61
Weiß mit orangenen Augen	BRi-w-62
Weiß mit ungleichen Augen (blau und orange)	BRi-w-63
Schwarz silver shaded	BRi-ns-11
Schwarz shell	BRi-ns-12
Blau silver shaded	BRi-as-11
Blau shell	BRi-as-12
Chocolate silver shaded	BRi-bs-11
Chocolate shell	BRi-bs-12
Lilac silver shaded	BRi-cs-11
Lilac shell	BRi-cs-12
Rot silver shaded	BRi-ds-11
Rot shell	BRi-ds-12
Creme silver shaded	BRi-es-11
Creme shell	BRi-es-12
Schwarz schildpatt shaded	BRi-fs-11
Schwarz schildpatt shell	BRi-fs-12
Blau schildpatt silver shaded	BRi-gs-11
Blau schildpatt silver shell	BRi-gs-12
Chocolate schildpatt silver shaded	BRi-hs-11
Chocolate schildpatt silver shell	BRi-hs-12
Lilac schildpatt silver shaded	BRi-js-11
Lilac schildpatt silver shell	BRi-js-12

Farbe	FIFe-Nr.
Golden shaded	BRi-ny-11
Golden shell	BRi-ny-12
Black smoke	BRi-ns
Blue smoke	BRi-as
Chocolate smoke	BRi-bs
Lilac smoke	BRi-cs
Rot smoke	BRi-ds
Creme smoke	BRi-es
Schwarz schildpatt smoke	BRi-fs
Blau schildpatt smoke	BRi-gs
Chocolate schildpatt smoke	BRi-hs
Lilac schildpatt smoke	BRi-js
Non-silver-Tabby *	BRi-n/a/b/c/d/ e/f/g/h/j 22/23/24
Silver Tabby*	BRi-ns/as/bs/ cs/ds/es/fs/gs/ hs/js 22/23/24
Golden Tabby*	BRi-ny 22/23/24
Non-Tabby Van/Harlekin/Bicolor	BRi-n/a/b/c/d/ e/f/g/h/j 01/02/03
Colourpoint Non-Tabby	BRi-n/a/b/c/d/ e/f/g/h/j 33
Colourpoint Tabby*	BRi-n/a/b/c/d e/f/g/h/j 21 33

* Tabby: gestromt = 22; getigert = 23; getupft = 24; undefinierbares Tabby-Muster (Colourpoint Tabby) = 21.

Informationen zur FiFe und Erläuterungen zur Tabelle finden Sie auf Seite 6.

Ratschläge zum Kauf

Bevor Sie sich zum Kauf einer Kartäuser entscheiden, sollten Sie sich gut überlegen, ob sie in Ihr Leben paßt.

Mit einer Kartäuser leben
Die Kartäuser-Katze ist äußerst anpassungsfähig, doch auch eigenwillig, sehr menschenbezogen und anhänglich wie ein Hund, aber ebenso vornehm distanziert, ganz Aristokratin. Sie ist keine Schmusekatze, die sich auf Befehl liebhaben läßt. Im Gegenteil – sie sucht das Weite, um uns auf Distanz wohlwollend zu betrachten. Doch schon nach einer Weile der Abstinenz kommt sie von sich aus auf uns zu, um dann um so intensiver die benötigten Streicheleinheiten zu fordern.

Mindestens 12 Wochen alt sollte das Kartäuser-Kätzchen sein, wenn der Züchter es Ihnen anvertraut.

Entscheidungshilfen

- Sind Sie oder eine andere Person aus Ihrem Haushalt allergisch gegen Katzenhaare? Asthmatikern sowie Personen mit Hautempfindlichkeiten rate ich, beim Hautarzt einen Test auf Katzen-Allergie durchführen zu lassen.
- Sind Sie bereit, 15 bis 20 Jahre Ihrem Vierbeiner täglich genügend Zeit und Aufmerksamkeit zu schenken?
- Wissen Sie, daß die Kosten für Ernährung und Haltung derzeit etwa 100 DM im Monat betragen?
- Was machen Sie im Falle einer längeren Abwesenheit wie Krankenhausaufenthalt, Kur oder Urlaub? Kennen Sie eine Person, die Ihren Vierbeiner während dieser Zeit liebevoll betreut? Eine Katze sollte aber auch sonst nicht länger als 12 Stunden am Stück alleingelassen werden.
- Können Sie damit leben, daß Ihr neuer Hausgenosse die unvermeidlichen Katzenhaare auf dem Teppich oder auch mal Kratzspuren an Möbeln hinterläßt? Ebenso gehören ein paar Futterspuren rund um den Napf oder etwas Katzenstreu auf dem Boden zum Alltag mit einer Katze.
- Sind Sie bereit, Ihre Wohnung in ein »katzengerechtes Zuhause« umzugestalten (→ Seite 24)? Das heißt auch, eventuelle Gefahrenquellen (→ Seite 25) zu beseitigen.
- Haben Sie Rücksprache mit dem Vermieter gehalten? Da die derzeitige Rechtsprechung äußerst kompliziert ist, rate ich Ihnen, sich mit Ihrem Vermieter vor dem Kauf einer Katze zu einigen, um unangenehmen Rechtsstreitigkeiten aus dem Wege zu gehen.

Woher bekommen Sie eine Kartäuser?
Es lohnt sich, hier behutsam vorzugehen. Fragen Sie zunächst in einem seriösen Fachgeschäft für Katzen-Zubehör nach einem verantwortungsvollen Züchter oder auch Freunde oder Bekannte, die eine Edelkatze besitzen. Eine weitere gute Informationsquelle sind Katzen-Ausstellungen, Katzen-Clubs oder ein Verband für Edelkatzenzüchter (→ Adressen, Seite 63).
Achtung: Auf keinen Fall sollten Sie eine Rassekatze von einem Händler beziehen. Die meisten Händler sind reine Geschäftemacher, die Katzen unter unwürdigen Bedingungen wahllos vermehren und halten, um sie dann unter dem normalen Kaufpreis anzubieten.

Ein hochprämierter Kartäuser-Kater auf bequemem Beobachtungsposten.

Einen seriösen Züchter suchen
Nehmen Sie zunächst einmal telefonischen Kontakt mit einem Züchter auf und stellen Sie ihm folgende Fragen:

- Wie lange züchten Sie schon? (Wenn er weniger als fünf Jahre Zuchterfahrung hat, sollte er Referenzen vorweisen können.)
- Wo und wie ziehen Sie die jungen Kätzchen auf? (Seine Katzen sollten innerhalb der Familie aufwachsen und leben und nicht in einem Käfig gehalten werden.)
- Mit wieviel Wochen geben Sie ein Kätzchen ab? (Es sollte mindestens 12 Wochen alt sein.)
- Sind Sie einem Zuchtverband für Edelkatzen angeschlossen? (Um seine Angaben zu prüfen, können Sie den Verband anrufen oder anschreiben.)
- Haben Sie tierärztliche Gesundheitszeugnisse? (→ Gesundheitsattest, Seite 18.)
- Wie hoch ist der Preis? (Der Kaufpreis für eine Kartäuser beträgt mindestens 1000 DM.)

Den seriösen Züchter erkennt man auch an folgendem Verhalten:

- Kaufinteressenten dürfen erst nach der ersten Schutzimpfung der Jungen zu einem Besuch kommen. Das ist eine wichtige Vorsichtsmaßnahme, um ein Infizieren der Jungtiere zu vermeiden.
- Er stellt Ihnen hinsichtlich der Tierhaltung einige Fragen, um sicher zu gehen, daß seine Tiere in gute Hände kommen.
- Er zeigt Ihnen mit berechtigtem Stolz seine »Cattery«, sprich ganze Katzen-Wohnung. Dabei erleben Sie gleichzeitig, wie der Züchter mit seinen Tieren umgeht, ob sie ihm zum Beispiel ängstlich ausweichen oder schnurrend um die Beine streichen. Die Katzen sollten auch vor Ihnen nicht gleich die Flucht ergreifen, sondern Sie mit offenen, klaren Augen beobachten – wenn auch zunächst aus sicherer Distanz.

Wichtig: Vom Kauf abzuraten ist, wenn der erste Eindruck beim Besuch des Züchters nicht gleich der beste ist. Wenn Sie zum Beispiel zu viele Tiere auf zu engem Raum vorfinden oder wenn nicht sämtliche Katzen gepflegt und gesund aussehen.

Mein Tip: Hat der Züchter Ihrer Wahl nicht gleich ein Kätzchen für Sie parat, warten Sie, bis er Ihnen eine Geburtsmeldung macht. Es lohnt sich bestimmt.

Kennzeichen einer gesunden Katze

- Sie ist vital und munter.
- Sie hat klare Augen.
- Sie besitzt gesundes, nicht verklebtes, sondern »offenes« Fell.
- Sie ist in der Aftergegend sauber und nicht verschmiert.
- Sie hat Appetit.
- Sie ist in ihrer gewohnten Umgebung anhänglich und verkriecht sich nicht.

Jungtier oder erwachsene Katze?

Zu einem Jungtier rate ich immer dann, wenn Sie Ihrem Neuling viel Zeit widmen können, denn die braucht ein junges Kätzchen (→ auch PRAXIS Erziehung, Seite 22 und 23). Außerdem kommen Sie in den Genuß, sämtliche Entwicklungsphasen mitzuerleben (→ Seite 55) und auch darauf Einfluß zu nehmen.

Die Anschaffung einer bereits erwachsenen Katze empfehle ich, wenn kleine Kinder im Haus leben. Sie ist in der Lage, Turbulenzen aus dem Wege zu gehen und kann sich zurückziehen, ohne psychischen Schaden zu nehmen. Auch beruflich sehr stark engagierte Personen sollten sich nur eine erwachsene Katze anschaffen. Sie sollte aber nicht älter als fünf Jahre sein, weil sie sich sonst nur noch schlecht an eine neue Umgebung gewöhnt.

Kätzin oder Kater?

Generell kann man sagen, daß Kater größer sind und somit schwerer werden als Katzen. Allerdings konnte ich bei Besuchen einiger »Damen« aus meiner Zucht feststellen, daß diese bereits im Alter von 5 bis 8 Jahren den Katern in keinster Weise nachstehen. In bezug auf das Wesen spielt der Geschlechtsunterschied keine Rolle. Hinsichtlich der Geschlechtsreife und den damit verbundenen Problemen wie Rolligkeit und Markieren unterscheiden sich Katze und Kater allerdings erheblich (→ Seite 48). Diese Probleme können Sie nur vermeiden, wenn Sie das Tier kastrieren lassen (→ Seite 48).

Einzeltier oder Katzenpärchen?

Wenn Sie Ihrem Vierbeiner täglich genügend Aufmerksamkeit schenken, mit ihm ausgiebig schmusen und spielen (→ PRAXIS Beschäftigung, Seite 34 und 35), wird er sich sicher auch als

Einzeltier bei Ihnen wohlfühlen. Spricht jedoch finanziell und räumlich nichts dagegen, ist das Halten von zwei Katzen die bessere Lösung. Auch die Arbeit nimmt kaum zu. Obwohl unsere Stubengenossen von Natur aus Einzelgänger sind, suchen sie immer wieder die Geselligkeit und die Anwesenheit ihrer Artgenossen. Dies gibt ihnen Antrieb zum Spiel und zum Austausch von kätzischen Zärtlichkeiten. Man putzt und wäscht sich gegenseitig, um anschließend im kämpferischen Duell Agressionen abzubauen und schließlich zusammen oder auch getrennt an einem auserwählten Platz vom Katzenhimmel auf Erden zu träumen. Kurzum: Langeweile kommt niemals auf, auch dann nicht, wenn sämtliche »Katzenmenschen« außer Haus sind.

Kartäuser und andere Katzen

Kommt eine Kartäuser zu einer bereits vorhandenen Katze – egal ob Rassekatze oder Hauskatze – hinzu, ist es wichtig, daß die Alteingesessene völlig gesund ist. Die vorgenommenen Schutzimpfungen bieten hierfür leider keine ausreichende Sicherheit. Die Katze sollte zusätzlich vom Tierarzt gründlich untersucht werden. Es dürfen nicht die geringsten Hinweise auf Infektionskrankheiten bestehen (→ Seite 42 bis 45). Natürlich muß auch der Züchter diese Vorsorgemaßnahmen treffen.

Zwei ausgewachsene Katzen sind etwas schwieriger aneinander zu gewöhnen. In der Anfangszeit ist es vor allem wichtig, daß beide Katzen das gleiche Maß an Aufmerksamkeit erhalten. Das Vorrecht hat jedoch zunächst noch die Alteingesessene. Denn sie muß sich erst einmal mit dem »Eindringling« abfinden. Nur allmählich werden Sie in der Annäherung der beiden Fortschritte beobachten. Bis sich beide Katzen gegenseitig akzeptiert haben, kann es Stunden, Tage, manchmal auch Wochen oder Monate dauern.

Eine junge Katze wird aufgrund ihrer Tolpatschigkeit und Unbefangenheit meist schneller akzeptiert. Außerdem löst sie bei der älteren Katze den natürlichen Mutterinstinkt aus.

Mein Tip: Ein Neuling wird generell früher akzeptiert, wenn er so schnell wie möglich Ihren Geruch annimmt. Rubbeln Sie ihn dazu mit einem getragenen Wäschestück ab, besonders dort, wo sich die Duftdrüsen befinden, das heißt am Kopf, den Pfoten und im Schwanzbereich. Auch »Parfümieren« mit Baldriantropfen an diesen Stellen, in diesem Fall aber bei beiden Katzen, wirkt oftmals Wunder.

So trägt man ein Katzenbaby richtig: Mit der einen Hand zwischen die Vorderpfoten greifen und mit der anderen Hand das Hinterteil stützen.

Kartäuser und andere Heimtiere

Wellensittich, Kanarienvogel: In der Regel geht es nicht gut, wenn Vögel und Katzen in unmittelbarer Nachbarschaft gehalten werden. Zum einen ist es eine Tortur, wenn im Käfig oder in einer Voliere gehaltene Vögel je nach

Stundenlang kann sich das Kätzchen hier vergnügen.

Einfach einen Ball an ein Band knüpfen und am Korb befestigen.

Lust und Laune der Vierpfötigen in Jägermanier umlagert werden. Zum anderen haben beide Tierarten ganz verschiedene Bakterienstämme, was zu unerwünschten Infektionskrankheiten führen kann.

Papagei: Ein Papagei mag es zeitweise ja noch ganz lustig finden, wenn sich im Heim plötzlich etwas Neues bewegt. Mit seinem Schnabel jedoch kann er der Katze, zum Beispiel aus Eifersuchtsgründen, schwerwiegende Verletzungen zufügen.

Hamster, Meerschweinchen: Diese Tiere stehen von Natur aus auf dem Speiseplan unserer niemals degenerierten Stubentiger.

Aquarium: Abwechslung ins Katzenleben bringt ein Aquarium. Stundenlang sitzen Katzen davor, um das Treiben unter Wasser zu beobachten. Die Abdeckung des Beckens sollte jedoch so konstruiert sein, daß Ihr Liebling keine Angelversuche unternehmen kann.

Hund: Im Miteinander von Katze und Hund gibt es selten Probleme, vorausgesetzt der Hund durfte sich früher nicht als Katzenjäger betätigen. Am einfachsten ist, einem bereits vorhandenen Hund ein junges Kartäuserchen zu »bescheren«. Dem Kätzchen sollte der Hund jedoch erst vorgestellt werden, wenn es sein neues Heim schon ein wenig erkundet hat. Erst wenn es zu Ihnen und der Umgebung Vertrauen gefunden hat, kann es dies auch nach und nach auf den Hund übertragen. Liegt es zum Beispiel einmal entspannt auf Ihrem Schoß, darf der Hund den Neuling vorsichtig beschnuppern – der Bann ist bestimmt bald gebrochen.

Hase: Zum Schluß noch ein Beispiel für eine außergewöhnliche Katzenfreundschaft: Ein inzwischen strammer Kartäuser-Kater aus meiner Zucht namens »Nicky« teilte sein neues Heim von Anfang an mit einem Hasen. Die dominierende »Person« – auch im Spiel – war ein Jahr lang Meister Lampe. Doch dann gab Nicky nach und nach auf Katzenart zurück, was er vom Löffelkumpanen gelernt hat. Trotzdem, sie waren Freunde. Kater Nicky wartete sehnsüchtig auf das Öffnen des Hasenkäfigs, damit er seinem Kumpanen nah sein konnte. Als der Hase nach zwei Jahren starb, trauerte Nicky so sehr, daß er einen neuen »Löffelträger« bekam. Auch das neue Duo lebt problemlos zusammen.

Kartäuser und Kinder

Eine Katze ist nicht nur für Erwachsene, sondern auch für Kinder ein ganz natürlicher Seelenbalsam. Wissenschaftliche Untersuchungen haben ergeben, daß Katzen gerade für sehr sensible und psychisch labile Kinder therapeutische Wirkung haben.

Aufgrund ihres besonders ausgeglichenen, gutmütigen und aufrichtigen Wesens kommt es zwischen Kartäusern und Kindern oft zu unzertrennlichen Freundschaften. Die Kartäuser läßt sich geradezu um den Finger wickeln, wenn sie in Spiellaune ist, zeigt jedoch auch unverkennbar deutlich, wenn sie lieber nicht gestört werden möchte.

Natürlich dürfen Sie nicht erwarten, daß ein Kind die volle Verantwortung für eine Katze tragen kann. Es kann dies lediglich unter Ihrer Anleitung langsam lernen. Sie müssen jedoch immer darüber wachen und wissen, daß die Verantwortung letztlich bei Ihnen liegt.

Wichtig ist, daß Sie dem Kind von vornherein klarmachen, daß eine Katze kein Spielzeug ist, sondern ein selbständiges Wesen mit einem eigenen Willen.

Wenn ein Baby unterwegs ist

Eine schwangere Frau sollte lediglich ein paar Hygienevorschriften beachten (→ Toxoplasmose, Seite 44), wenn sie mit einer Katze zusammenlebt. Die Katze darf und soll bleiben! Allerdings sollte das Neugeborene in den ersten Lebenswochen nicht mit der Katze im Zimmer alleingelassen werden. Die Katze könnte sich auf Brust und Kopf des Babys legen, was im schlimmsten Fall zum Ersticken des Säuglings führen kann.

Kaufvertrag

Nach dem Gesetz zählt ein Tier leider immer noch als Sache. Von Seiten seriöser Zuchtverbände wird deshalb zur Absicherung von Käufer und Verkäufer empfohlen, Kaufverträge abzuschließen.

Folgende Daten müssen im Kaufvertrag enthalten sein:

- Name und Anschrift des Verkäufers und Käufers,
- Name der Katze und des Züchters,
- Name der Katzen-Eltern,
- Geburtsdatum der Katze,
- Rasse,
- Farbe,
- Stammbaum-Nummer und
- Kaufpreis.

»Hoppla, was raschelt da im Gebüsch?«

Ferner kann vom Züchter (Verkäufer) festgelegt werden, ob er das beschriebene Tier als Liebhabertier oder zu Zucht- und Ausstellungszwecken abgibt. Ein guter Züchter fühlt sich mitverantwortlich für den optimalen Fortbestand der Rasse und wird Tiere, die die geringsten Fehler aufweisen, von der Zucht ausschließen. Der Verkäufer haftet für die Richtigkeit des Zuchtnachweises und des bei der Übergabe ausgehändigten Stammbaumes. Er sollte auch versichern, daß das verkaufte Tier frei von Rechten Dritter ist. Weitere Klauseln hinsichtlich Haftungsausschluß des Verkäufers bei nicht vorhersehbaren später auftretenden Anomalien wie Knickschwanz oder Gebißfehler sind möglich.

Stammbaum
Hier finden Sie alle »technischen« Daten wieder, die teilweise bereits im Kaufvertrag erwähnt sind. Darüber hinaus sind alle Vorfahren mütterlicher- und väterlicherseits bis hin zu den Ururgroßeltern, also vier Generationen, aufgeführt. Außerdem ist der Züchter ausgewiesen, und das Zuchtbuchamt hat die Urkunde durch Stempel und Unterschrift bestätigt.

Besitzertransfer
Dieses Dokument wird in der Regel vom Züchter mit den Daten des künftiger Besitzers ausgefüllt und von beiden Vertragspartnern unterschrieben dem Zuchtverband übermittelt. Dieser stellt ein Transferformular auf den Namen des neuen Besitzers aus, womit er endgültig als rechtmäßiger Besitzer ausgewiesen wird.

Gesundheitsattest
Ein seriöser Züchter wird Ihnen von sich aus eine Tierarztbestätigung über die Gesundheit der Katze vorlegen. Daraus muß hervorgehen, daß das Tier untersucht und keine Krankheitsanzeichen gefunden wurden. Ebenso sollte er Berichte zu turnusmäßigen oder jährlich erfolgten Untersuchungen ohne allzu großes Drängen einsehen lassen.

Impfungen
Alle durchgeführten Impfungen sind in einem Impfpaß aufgeführt, den der Züchter mit der Übergabe des Tieres aushändigt. Das Kätzchen sollte in jedem Fall bereits je 2mal gegen Katzenschnupfen und Katzenseuche geimpft worden sein.
Wichtig: Zuviele Impfungen in den ersten Lebenswochen können gesundheitsschädigend sein. Lassen Sie sich deshalb nicht täuschen, wenn ein Züchter mit unzähligen Impfungen bei seinen Kätzchen wirbt (→ auch Impfplan, Seite 43).

Entwurmung
Der Züchter sollte das Kätzchen bei der Abgabe bereits entwurmt haben. Am besten lassen Sie sich dies im Kaufvertrag bestätigen (→ auch Entwurmung, Seite 42).

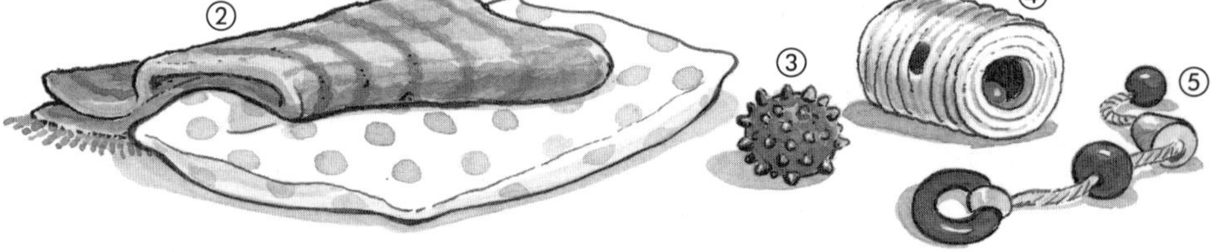

Grundausstattung

Bei der Ankunft des neuen Familienmitgliedes sollte sich sämtliches Zubehör bereits am vorgesehenen Platz befinden. Somit entsteht keine unnötige Unruhe, und das Eingewöhnen wird erleichtert. Zur Grundausstattung zählt:
Futter: Die richtige Wahl am besten vorher mit dem Züchter absprechen, das Futter an einem temperierten, trockenen Ort (Küche oder Speisekammer) lagern.
Futter- und Trinknäpfe: Bereits vorhandene, standfeste, tiefe Teller oder Schälchen, die leicht zu reinigen sind, eignen sich prima als Futter- und Trinknäpfe. Am besten ist Glas, Porzellan oder lasierter Ton. Die Näpfe sollten sich jedoch unbedingt von Ihrem Eßgeschirr unterscheiden (→ auch Betteln am Tisch, PRAXIS Erziehung, Seite 22). Auch der Zoofachhandel bietet ein großes Sortiment an Näpfen an.
Katzenklo: Es genügt eine einfache, offene Wanne. Bei Katzen, die im Stehen urinieren, sollte der Rand extra hoch sein und die Streufüllung mindestens 5 cm betragen, damit die Katze das Klo beim Ein- und Aussteigen nicht umwirft. Im Handel werden auch vielfach Katzenklohäuser mit Schubladen angeboten. Sie erfordern meiner Ansicht nach aber eine aufwendige Reinigung und können von einem stattlichen Kartäuser-Exemplar beim Ein- und Aussteigen leicht umgekippt werden.

Katzenstreu: Hier empfiehlt sich ein auf Naturbasis hergestelltes Fabrikat, das biologisch abbaubar und gegebenenfalls kompostierbar ist. Sehr gut klumpende Streu ist im Verbrauch wirtschaftlicher und hygienischer.
Achtung: Streu in den Müll und nicht in die Toilette leeren, es besteht Verstopfungsgefahr!
Schaufel: Optimal ist eine Schaufel mit Löchern, das »Geschäft« bleibt daran hängen und die saubere Streu fällt ins Katzenklo zurück.
Transportkorb: Am besten eignet sich zum Transport der Katze (Tierarzt, Urlaub) ein stabiler Kunststoffbehälter, ein sogenannter Kennel (→ Zeichnung, Seite 42).
Katzendecke: Wolldecken zum Kuscheln werden von allen Katzen gern angenommen. Am besten, Sie überziehen Katzendecken mit einem waschbaren Bezug. Auch der Zoofachhandel bietet eine große Auswahl an Katzendecken an.
Kratzbaum und Spielzeug: →PRAXIS Beschäftigung, Seite 34 und 35.
Bürsten, Kämme: → PRAXIS Pflege, Seite 26 und 27.
Wichtig: Bevor die Katze einzieht, alle Gefahrenquellen in der Wohnung und im Garten beseitigen (→ Seite 25).

⑥
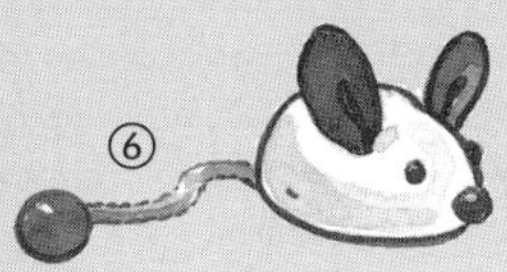

⑦

Zu den Zeichnungen:
Diverses Katzenzubehör und Spielzeug bietet der Zoofachhandel an, zum Beispiel:
① *Spielball mit Glöckchen*
② *Kuscheldecken*
③ *Gummi-Igel*
④, ⑤ *Rasseln*
⑥ *Spielmaus*
⑦ *Katzenklo*

Eingewöhnung und Alltag

Endlich ist es soweit. Sie können Ihr Kartäuser-Kätzchen vom Züchter abholen. Ich empfehle Ihnen, sich für die ersten Tage mit dem neuen Freund ein verlängertes Wochenende freizuhalten.

Eddy's Red Hazel, eine ausgewachsene Britisch Kurzhaar in Rot, ♀. Insgesamt gibt es sechs einfarbige Varianten der BKH (→ Seite 8 und 9).

Die Fahrt ins neue Heim

Sprechen Sie mit dem Züchter nochmals alle Einzelheiten durch, vor allem hinsichtlich der Fütterung. Eventuell gibt er Ihnen einen Futterplan zusammen mit spezieller Kätzchen-Nahrung mit nach Hause. Lassen Sie sich noch einmal die besonderen Eigenschaften Ihres Sprößlings nennen, damit Sie besser darauf eingehen können.

Mein Tip: Bitten Sie den Züchter, Ihre mitgebrachte Kuscheldecke der Katzenmutter und den Geschwisterkätzchen hinzulegen, damit sie deren Geruch annimmt. Auch dürfen sich die Ziehmutter oder der Ziehvater selbst vor der Abreise noch daraufsetzen. Dadurch wird die Eingewöhnungsphase erleichtert.

Transport: In einem Transportkorb oder Kennel (→ Zeichnung, Seite 42) ist die Katze während der Heimreise am besten untergebracht. Sind Sie zu zweit, stellen Sie den Kennel auf den Rücksitz des Autos. Wenn Sie allein sind, sollten Sie ihn besser im Fußraum abstellen, da er dort beim Bremsen nicht herunterfallen kann. Fahren Sie langsam und achten Sie darauf, daß die Katze keine Zugluft abbekommt.

Benutzen Sie ein öffentliches Verkehrsmittel, sollte der Transportkorb mit einem Handtuch abgedunkelt werden. Keinesfalls die Käfigtüre öffnen, damit das Kätzchen nicht entwischen kann.

Die ersten Tage und Nächte

Zuhause angekommen, stellen Sie den Transportkorb am besten gleich neben dem Katzenklo ab. Unter Zureden können Sie nun das Türchen öffnen und das Kätzchen streichelnd in seine Toilette »dirigieren«. Lassen Sie es dann ganz in Ruhe, damit es zunächst vor allem diesen Bereich beschnuppern kann. Danach wird es weitere Räumlichkeiten, meist schleichend an der Wand entlang, erkunden. Bei größeren Wohnungen oder Häusern ist es ratsam, dem Neuling die Zimmer erst nach und nach zugänglich zu machen. Beobachten Sie das Kätzchen bei seinen Erkundungsgängen, rufen Sie ab und zu seinen Namen und zeigen Sie ihm dann auch seinen Futter- und Trinkplatz. Wahrscheinlich wird das Fressen aber vorerst nur beschnuppert. Zwischendurch locken Sie Ihren Liebling immer wieder in die Nähe des Katzenklos oder setzen ihn dort ab, schon bald wird er es akzeptieren.

Mein Tip: Gestalten Sie die erste Zeit möglichst streßfrei, damit erleichtern Sie Ihrer Kartäuser die Eingewöhnungsphase erheblich. Besucher sollten erst nach einigen Tagen kommen dürfen.

Hochheben des Katzenbabys

Wichtig ist, daß Sie das Kleine beim Hochnehmen nicht um den Bauch fassen. Es fühlt sich wohler und sicherer, wenn Sie es so nehmen, daß Sie mit einer Hand zwischen die Vorderpfoten greifen und mit der anderen flachen Hand die Hinterpfoten stützen (→ Zeichnung, Seite 15).

Wer seinen Vorhang liebt, muß die Katze erziehen.

Auch eine Katze kann man erziehen. Soll sie von solchen »Unarten« ablassen, muß man es ihr allerdings von klein an bestimmt und konsequent verbieten.

PRAXIS
Erziehung

Katzen sind sehr eigenständige Wesen, die genau wissen, was sie wollen. Sie setzen immer ihren Willen durch und lassen sich zu nichts zwingen. Deshalb kann man sie auch nicht trainieren wie Hunde. Erziehen lassen sie sich trotzdem. Besonders Kartäuser sind relativ leicht zu erziehen, da sie gelehrig und anpassungsfähig sind. Oberstes Prinzip dabei: Was Ihr Kätzchen nicht lernt, lernt Ihre Katze nimmermehr.

Wichtige Erziehungstips

- Bleiben Sie bei allen Erziehungsmaßnahmen immer ruhig und gelassen.
- Verwenden Sie bei »Nein«-Rufen zusätzlich Zischlaute, wie beispielweise »Psssst«. Sie sind für Katzenohren äußerst unangenehm.
- Sprechen Sie ein Verbot oder Lob immer sofort nach der »Tat« aus, sonst kann die Katze keinen Zusammenhang herstellen.
- Benutzen Sie für ein Kommando immer dasselbe kurze Wort.
- Bleiben Sie bestimmt und konsequent. Was Ihre Katze heute darf, können Sie ihr morgen nicht verwehren.
- Schläge sind kein Erziehungsmittel. Die Katze würde nur mit Scheu und Abwehr reagieren.

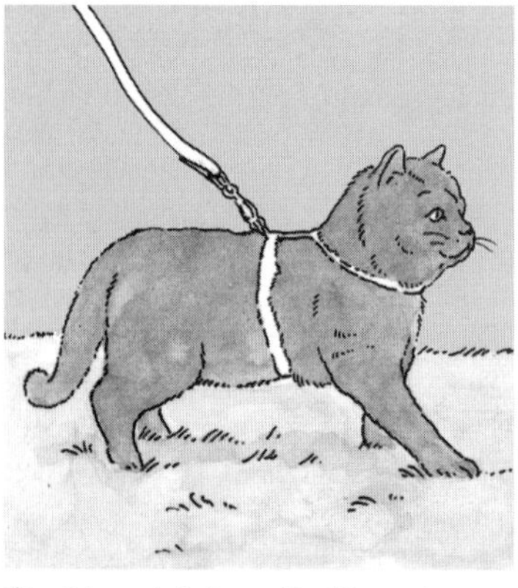

1| *Die gelehrigen Kartäuser lassen sich sogar an die Leine gewöhnen.*

An der Leine gehen

Zeichnung 1

Grundsätzlich können Katzen nicht wie Hunde an der Leine geführt werden. Es widerspricht ihrer Natur, und deshalb mögen sie es wohl auch nicht besonders. Trotzdem kann man es ihnen beibringen, denn manchmal ist es ganz praktisch, zum Beispiel um die Katze bei Besuchen oder auf Reisen sicher vom Auto ins Haus zu bringen. Katzengeschirr (im Fachhandel) wird um Brust und Bauch geschnallt. Wichtig ist, daß Sie Ihre Kartäuser möglichst früh daran gewöhnen.

Vorgehensweise: Der Erstkontakt mit dem Geschirr sollte bei Bestlaune Ihres Lieblings erfolgen und nur wenige Minuten dauern.

- Nehmen Sie Ihr Kätzchen auf den Schoß und legen Sie ihm unter Zureden das Geschirr an.
- Ein »Leckerli« zur Belohnung geben und das Kätzchen vorsichtig am Boden absetzen, beruhigend streicheln und die Leine dabei kurz halten.
- Jetzt können Sie die ersten »Gehversuche« unternehmen.
- Dann das Kätzchen wieder hochnehmen und belohnen.
- Hat es sich wieder beruhigt, das Geschirr abnehmen.

2| *Ein gedeckter Tisch sollte die Katze nicht aus der Ruhe bringen.*

Beim zweiten Versuch: Den Vorgang etwas ausdehnen und vielleicht schon einen kleinen Spaziergang durch die Wohnung wagen. Mit der Zeit gewöhnt sich Ihre Kartäuser an die Leine.

Betteln am Tisch

Zeichnung 2

Normalerweise betteln Katzen nicht, außer sie erhalten Reste vom Mittagstisch und diese sogar noch aus unseren Tellern. Geben Sie Ihrer Katze deshalb nur spezielle Katzennahrung im dafür vorgesehenen Futternapf, der sich optisch von Ihrem Eßgeschirr unterscheiden muß. Am besten füttern Sie die Katze immer, bevor Sie selbst eine Mahlzeit einnehmen, dann wird sie bestimmt nicht am Tisch betteln.

Kratzen an Polstern und Möbeln

Zeichnung 3

Katzen müssen ihre Krallen schärfen. Sie brauchen sie zum Klettern und Markieren (→ Seite 30), zum Beutefang und im Kampf gegen Artgenossen. Natürlich sollten sie dazu nicht gerade Ihren Lieblingssessel mißbrauchen. Dies müssen Sie Ihrer Katze von klein an verbieten und ihr dafür möglichst viele geeignete Kratzmöglichkeiten anbieten (→ auch PRAXIS Beschäftigung, Seite 34 und 35).

Kratzt Ihr Liebling doch einmal an Ihrem Sessel, nehmen Sie ihn mit einem kräftigen »Nein« weg und setzen ihn an den dafür vorgesehenen Kratzbaum. Noch besser ist, Sie bieten ihm ein Kratzbrett an, das direkt neben dem Sessel plaziert ist. Schon bald wird Ihre Kartäuser dort stolz die Krallen wetzen und auf Ihr Lob warten.

Unarten richtig abgewöhnen

Zeichnung 4

Stellt das kleine Kätzchen etwas an, versucht es zum Beispiel die Gardine hochzuklettern, gehen Sie wie folgt vor:

- Sofort ein deutliches »Nein-Ab« aussprechen. Egal, welches Kommando Sie geben, es sollte kurz und immer dasselbe Wort sein. Nennen Sie dabei aber nicht den Namen Ihrer Katze, er könnte für sie sonst eine negative Bedeutung erhalten.
- Auch ein Wasserstrahl aus der Blumenspritze oder das gezielte Werfen einer leichten Alukette, verbunden mit einem »Nein«-Ruf, kann Wunder wirken.
- Das Kätzchen sollte immer überrascht werden und nicht merken, von wem diese unangenehme Handlung ausgeht.
- Danach nehmen Sie das Kätzchen und setzen es zum Beispiel lobend an den Kratzbaum.

Mein Tip: Wenn Sie sich jedesmal konsequent nach diesem Muster verhalten, wird das Kätzchen bald von der Unart ablassen. Wichtig ist, daß Sie es auf »frischer Tat ertappen«.

Stubenreinheit

Das Katzenbaby lernt bereits von seiner Mutter, daß es ins Katzenklo gehen muß, um sein Geschäft zu verrichten. Holen Sie es dann zu sich heim, brauchen Sie ihm nur ein paar Mal sein neues Klo zeigen. Bald wird es von ihm akzeptiert werden (→ Die ersten Tage und Nächte, Seite 20).

3 Das Kratzbrett neben Herrchens Sofa wird bald gern angenommen.

4 Hochgesteckte Gardinen kann das Kätzchen nicht erklimmen.

Damit die Katze sauber bleibt:

- Das Katzenklo stets sauberhalten. Keine Chemikalien verwenden, ein Spritzer Essig tut's auch. Katzen sind geruchsempfindlich.

Mein Tip: Am besten schaffen Sie sich zwei Katzenklos an, damit eines jeweils nach der Reinigung auslüften kann.

- Das Katzenklo möglichst an einem ruhigen, dunkleren und geschützten Ort aufstellen (Bad, Gästetoilette).

Plötzliche Unsauberkeit: Sollte Ihr Vierbeiner trotzdem plötzlich unsauber werden, obwohl er äußerlich einen gesunden Eindruck macht, liegt wahrscheinlich eine psychische Störung vor. Vielleicht sind große Veränderungen innerhalb der Familie oder ein Wohnungswechsel der Grund, vielleicht fühlt das Tier sich auch vernachlässigt.

Abhilfe:

- Das wichtigste ist, daß Ihre Katze jetzt besonders viel Aufmerksamkeit und Liebe erhält.
- Vielleicht hilft auch Chamomilla D 200 (wöchentlich 1 Tablette) oder Bachblütentropfen »Impatiens« und »Mimulus« (je 4 Tropfen 1- bis 2mal täglich). Beides solange geben, bis eine Besserung eintritt.
- Verunreinigte Stellen mit Essigwasser reinigen und abdecken, damit die Katze nicht vom Restgeruch angelockt wird.

Schlafplatz

Die vielen neuen Eindrücke machen müde – jetzt möchte Ihr Kätzchen möglicherweise ein Schläfchen machen. Am besten legen Sie die Transportdecke an einen geschützten, ruhigen und warmen Ort. Ob sie diesen dann tatsächlich als Schlafplatz akzeptiert, ist nicht gesagt. Vielleicht zieht sie ja einen ganz anderen Platz vor.

Wenn Sie nicht wollen, daß das Kätzchen zu Ihnen ins Bett schlüpft, müssen Sie dies von Anfang an unterbinden, indem die Schlafzimmertüre geschlossen bleibt. Hat es sich erst einmal daran gewöhnt, wird es diese begehrte Schlafstätte nicht gern wieder aufgeben.

Aber keine Angst, ausgewachsenen Kartäusern ist es unter der Bettdecke sowieso zu warm, sie schlafen lieber am Fußende oder auf der Bettdecke.

Die katzengerechte Wohnung

Damit sich Ihre Katze in ihrem häuslichen Revier auch wohlfühlt, sollten Sie es katzengerecht gestalten. Das Wohlbefinden der Kartäuser hängt nicht allein von der Größe der Wohnung ab. Sie würde eine Ein-Zimmer-Wohnung einem großen Haus vorziehen, wenn sie dort eine bessere Betreuung genießt.

Beachten Sie folgende Punkte:

Plazierung der Grundausstattung: Das Katzen-Zubehör sollte entsprechend dem natürlichen Empfinden der Katze plaziert werden. Sie wird es ablehnen, wenn das Katzenklo oder der Schlafplatz in der Nähe des Freß- oder Wassernapfes steht. Ruhige, dunklere Plätze werden bevorzugt, nicht nur zum Fressen und Schlafen, sondern auch zum Verrichten des »Geschäfts«.

Gardinen: Bodenlange Vorhänge verlocken gerade junge Katzen zum Klettern. Am besten stecken Sie Gardinen in der ersten Zeit hoch (→ PRAXIS Erziehung, Seite 23).

Polstermöbel: Katzen haben von Zeit zu Zeit das Bedürfnis, ihre Krallen zu wetzen, zum Beispiel nach dem Schlafen. Damit empfindliche Polstermöbel keinen Schaden nehmen, empfiehlt es sich, diese am Anfang mit Schondecken zu schützen. Hilfreich ist auch, an den von der Katze besonders bevorzugten Stellen ein kleines Kratzbrett oder eine Kokos- oder Sisalmatte hinzulegen, die bestimmt bald als gern gesehene Kratzmöglichkeit angenommen wird (→ auch PRAXIS Erziehung, Seite 22 und 23).

Teppichboden: Wenn Sie sich einen neuen Teppichboden anschaffen wollen, sollten Sie nur sogenannte stehende Florware verlegen lassen, am besten noch aus Naturfaser, die sich nicht statisch auflädt. Bitte keine Schlingenware wählen, da Katzen mit ihren Krallen in den Schlingen leicht hängenbleiben. Bei bereits vorhandener Schlingenware genügend alternative Kratzmöglichkeiten wie Kratzbaum, Kratzmatte und -brett anbieten.

Kratzbaum: Die Installation einer stabilen und katzengerechten Kratz- und Klettermöglichkeit ist ein Muß. Der Phantasie sind hier keine Grenzen gesetzt. Der Fachhandel hält eine Vielzahl von Bauelementen bereit, die je nach Wohnungserfordernissen individuell zusammengestellt werden können. Wie Sie einen Kratzbaum selbst bauen können, erfahren Sie auf Seite 34 und 35.

Katzengras: Diese beliebte und wichtige Knabbermöglichkeit sollten Sie für Ihre Katze auf jeden Fall bereitstellen. Katzengras gibt es im Fachhandel. Genauso geeignet ist Zyperngras (Papyrus) und im Topf ausgesäte Hafer- oder Weizensamen. Katzengras am besten auf dem Boden in der Nähe des Trinknapfes plazieren und nicht zu den übrigen Zimmerpflanzen stellen.

Balkon: Hier können Sie ein Mini-Biotop mit Binsen-Gräsern anlegen und zusätz-

An heißen Tagen suchen sich Katzen gern ein schattiges Plätzchen zum Träumen.

lich noch Katzenminze anpflanzen. Beides ist winterhart. Falls noch Platz für einen Kletterbaum vorhanden ist, wird die Katze rundherum zufrieden sein. Wichtig ist nur, daß der Balkon gesichert ist (→ Gefahrenquellen, rechts).
Garten: Besitzer eines Gartens können der Katze noch mehr Entfaltungsmöglichkeiten bieten. Allerdings muß der Freiauslauf im Garten gut gesichert werden (→ Gefahrenquellen, rechts).
Mein Tip: Eine ständige Änderung des Reviers, sprich der Wohnungseinrichtung, kann der Tierpsyche schaden. Bedenken Sie, daß Ihr Liebling täglich die gewohnten Streifzüge durch sein Revier macht. Er kennt jedes Detail und auch jedes »Hindernis«. Allzu häufiges Umstellen der Möbel verwirrt die Katze. Bei besonders sensiblen Tieren kann es auch zu psychischen Störungen kommen (→ Stubenreinheit, Seite 23).

Gefahrenquellen in Haus und Garten
Bad, Toilette: Beim Füllen der Badewanne Türe schließen, bei Katzenbabys auch Toilettendeckel geschlossen halten.
Chemikalien, Wasch- und Putzmittel, Tabletten: Am besten unter Verschluß halten. Keine Putzeimer in der Nähe von jungen Katzen stehen lassen.
Stromkabel: Freiliegende Kabel so abdecken, daß diese nicht zum Spielen animieren.
Pflanzen: Keine giftigen Pflanzen aufstellen. Giftig sind zum Beispiel Aronstabgewächse, Maiglöckchen, Orchideen, Weihnachtsstern, Alpenveilchen, Azalee, Dieffenbachie, Efeu, Narzissen, Nelken. An stacheligen Kakteen kann sich die Katze verletzen.
Waschmaschine, Wäschetrockner: Nur zum Auffüllen von Wäsche öffnen und sofort wieder schließen. Erst nach genauer Kontrolle in Betrieb setzen.

PRAXIS
Pflege

Fellpflege

Das Kartäuser-Fell besteht aus der dichten Unterwolle, den Grannen- und den Deckhaaren. Der Pflegeaufwand ist im Vergleich zu Langhaarkatzen gering. Kämmen und bürsten Sie das Fell nur alle 7 bis 14 Tage, sonst kann es sein, daß die Katze ständig das Haarkleid wechselt, da der Haarwuchs in seiner natürlichen Entwicklung gestört wird.

Kämmen

Zeichnungen 1 und 2
Nehmen Sie Ihre Katze auf den Schoß und kämmen Sie am Kopf beginnend nach und nach die ganzen Fellpartien einschließlich Flanken und Schwanz durch – und zwar mit dem Strich (in Haarwuchsrichtung). Legen Sie die Katze dann auf den Rücken, der Kopf soll dabei auf Ihren Knien liegen. Halten Sie sie unter dem Kinn fest und kämmen Sie mit der freien Hand die Bauchunterseite. Spüren Sie keine Zotteln, reicht es, wenn Sie jede Partie 1- bis 2mal kämmen.
Ein Metallkamm (→ Zeichnung 1) mit abgerundeten Spitzen eignet sich am besten zum Kämmen. Der Zackenabstand sollte nicht zu eng und die Zacken nicht zu lang sein.
Einen Staubkamm (→ Zeichnung 1) brauchen Sie nur, wenn Verdacht auf Ungeziefer besteht.
Zecken lassen sich am einfachsten mit einer speziellen Zeckenzange (→ Zeichnung 1) entfernen.

Bürsten

Gehen Sie genauso vor wie beim Kämmen. Gebürstet wird allerdings gegen den Strich. So wird das Kartäuser-Fell »aufgestellt« und das typische dichte Fell kann sich voll entfalten.
Naturborstenbürsten (→ Zeichnung 1) sind haut- und fellfreundlicher als Drahtbürsten;
Gumminoppenbürsten (→ Zeichnung 1) braucht man nur bei Katzen mit viel Freiauslauf oder bei Zuchtkatzen nach dem Abstillen. Für reine Wohnungskatzen sind sie ungeeignet.

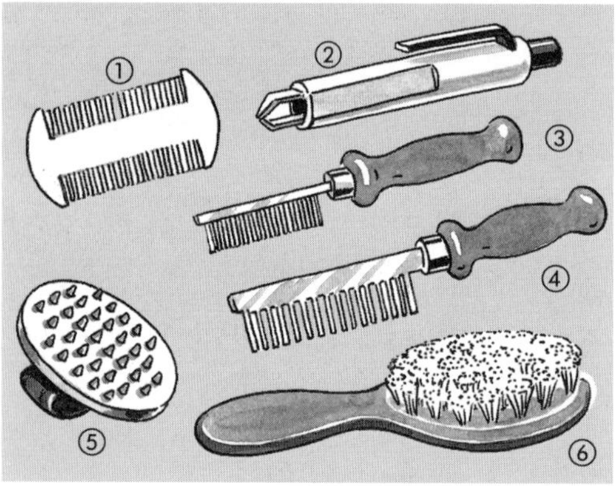

1 Diese Utensilien benötigen Sie für eine sorgfältige Fellpflege:
① Staubkamm
② Zeckenzange
③ Feiner Metallkamm
④ Grober Metallkamm
⑤ Gumminoppenbürste
⑥ Naturborstenbürste

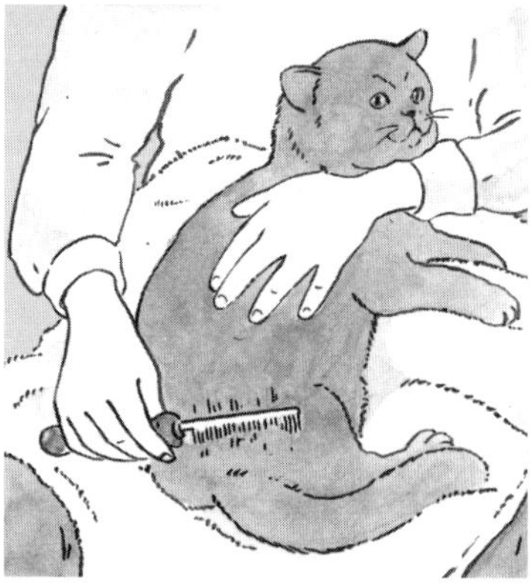

2 Gekämmt wird immer mit dem Strich, gebürstet gegen den Strich.

Haarwechsel

Die Kartäuser wechselt ihr Haarkleid nicht abrupt, sie haart lediglich im Frühjahr und Herbst verstärkt. Dann sollten Sie sie 1mal pro Woche kämmen und bürsten. Wechselt Ihre Katze das Haarkleid öfter oder ständig, sollten Sie zum Tierarzt gehen. Vielleicht sind Streßfaktoren, hormonelle Störungen oder Fehler in der Fütterung der Grund.
Mein Tip: In vielen Fällen hilft Sulfur D 30. 1 Tablette verabreichen, nach 2 und nach 4 Wochen wiederholen.

Schuppen

Bei Streß oder falscher Fütterung (eventuell zu fettes Futter) können Schuppen auftreten.
Abhilfe: Streßfaktoren beseitigen, Futter umstellen und das Fell bürsten. Manchmal hilft Sulfur D 30 (Dosierung wie beim Haarwechsel), sonst den Tierarzt um Rat fragen. Zusätzlich das Fell mit einem Spezial-Trockenshampoo (im Fachhandel) waschen.

Fettiges Fell
Die Ursachen für ein fettiges Fell sind meist dieselben wie beim ständigen Haarwechsel. Das Fell neigt aber auch zum Fetten, wenn wir die Katze oft mit der flachen Hand streicheln. Wir »ölen« so ungewollt ihr Fell.
Mein Tip: Dagegen hilft ein Spezialpuder (Fachhandel). Gebadet werden Kartäuser generell nicht. Sie mögen es nicht und außerdem würde durch das Baden die natürliche Hautfunktion gestört.
Fettschwanz: Einige Kater neigen zum hormonell bedingten »Fettschwanz«. An der Schwanzwurzel befinden sich Talgdrüsen, die manchmal, zum Beispiel in der Pubertät, zuviel Fett produzieren.
Abhilfe: Schwanz einmal am Tag mit Campherspiritus oder mit mildem verdünnten Spülmittel reinigen (Spülmittel wieder gründlich auswaschen). Nach dreitägiger Behandlung ist das Problem behoben.

Augen reinigen
Zeichnung 3
Sekret in den Augenwinkeln läßt sich leicht mit einem feuchten Hygiene-Papiertuch entfernen. Wischen Sie dabei immer zur Nase hin.
Bei vermehrten Absonderungen oder leichten Entzündungen das Auge mit einem in Kamillenlösung getränkten Wattebausch auswaschen (1/2 Teelöffel Kamillenextrakt auf 1 Tasse Wasser). Bei länger anhaltenden Augenproblemen zum Tierarzt gehen.
Warnung: Bei traumatischen Augenverletzungen kein kortisonhaltiges Mittel anwenden, sondern immer zum Tierarzt gehen.

3 Augensekret mit einem Papiertuch zur Nase hin wegwischen.

4 Die innere Ohrmuschel mit einem Wattebausch saubermachen.

Ohren reinigen
Zeichnung 4
Hält sich die Katze viel im Freien auf, kann es zu vermehrten Sekret-Absonderungen im Ohr kommen. Machen Sie dann mit einem Wattebausch oder weichen Papiertuch die Ohrmuschel sauber, ohne dabei großen Druck auszuüben. Kein Wasser und keine Wattestäbchen (Verletzungsgefahr) verwenden!

Achtung: Schüttelt Ihre Katze häufig den Kopf und kratzt sich an den Ohren, deutet dies auf Ohrmilben hin (→ Seite 44).
Mein Tip: Bei Kartäusern mit Auslauf oder vor Ausstellungen kann der Tierarzt zur Vorbeugung spezielle Tropfen gegen Ohrinfektionen geben.

Zähne und Zahnfleisch kontrollieren
Zahnstein (braune Ablagerungen am Zahnhals) wird vermieden, wenn die Katze abends etwas Trockenfutter bekommt, ab und zu abgebrühte Kalbsknorpel oder ein großes Stück Rindfleisch zum »Reißen«. Hat sich trotzdem vermehrt Zahnstein gebildet, muß ihn der Tierarzt entfernen.
Geschwollenes Zahnfleisch mit dunkelrotem Rand am Zahnhals deutet auf eine Zahnfleischentzündung hin. Bei Jungtieren zwischen der 20. und 25. Woche ist dies aufgrund des Zahnwechsels normal. In anderen Fällen zum Tierarzt gehen.
Mundgeruch kann ein Zeichen von falscher Ernährung sein. Macht die Katze sonst einen gesunden Eindruck, geben Sie ihr weniger Fisch und weniger rohes Fleisch. Tritt keine Besserung ein, liegt vielleicht ein Infekt im Mund- und Rachenraum vor, den der Tierarzt behandeln muß.
Mein Tip: Bei Mundgeruch: Carbo vegetabilis D 6 oder Mercurius solubilis D 8 (jeweils 3 Tage je 1 Tablette morgens, mittags und abends). Beide Behandlungen können bis zu 14 Tagen verlängert werden. Ab dem 4. Tag dann aber nur noch 1 Tablette am Tag geben.

Herdplatten, Geräte und sonstige Feuerstellen: Diese nicht unbeaufsichtigt lassen. Noch heiße Herdplatten mit Töpfen abdecken.
Freitragende Treppen: Besonders ein junges Kätzchen behutsam daran gewöhnen (Absturzgefahr). Treppe mit Netz unterspannen oder Auffangpolster hinlegen.
Türen: Vorsicht beim Schließen, das Kätzchen kann sich leicht die Pfoten einklemmen.
Kippfenster: Beim Versuch hinauszuklettern kann sich die Katze im Fensterspalt einklemmen. Deshalb muß der Zwischenraum mit speziellen Einsätzen (im Fachhandel erhältlich) oder mit einem Netz abgesichert werden.
Balkon, offene Fenster: Sicherung mit Draht- oder Nylonnetz.
Garten: Einen Elektrozaun installieren (im Fachhandel).
Gartenteich, Swimmingpool: Bei flachen Ufern besteht keine Gefahr, die Katze kommt allein wieder heraus. Größere Gewässer mit Steilufern durch Elektrozaun sichern, kleinere mit einem Netz überspannen.

Das Kinderzimmer bietet allerlei Versteckmöglichkeiten.

Nähzeug: Immer wegräumen. Nadeln verleiten zum Spielen. Die Katze kann hineintreten oder sie verschlucken.
Spielzeug: Keine spitzen Gegenstände anbieten. Mit unelastischen Kordeln oder Bändern kann sich die Katze strangulieren. Vorsicht bei Spieltieren: Glas- oder Kunststoffaugen können sich herauslösen und verschluckt werden.

Verreisen mit der Kartäuser

Generell läßt sich die Kartäuser gut ans Reisen gewöhnen. Je früher sie diese Erfahrung macht, desto problemloser werden Reisen mit ihr verlaufen.
Für den Urlaub genügend gewohntes Dosenfutter mitnehmen, außerdem Näpfe, Katzenklo, Streu und Schaufel.
Mein Tip: Wenn Sie frühmorgens verreisen, geben Sie Ihrer Katze am Abend des Vortags die letzte Mahlzeit – Wasser darf sie natürlich trinken. Mit leerem Magen ist die Fahrt erträglicher.
Wichtig: Bei Fahrten ins Ausland gültigen Impfpaß nicht vergessen (Mitnahmebestimmungen mindestens fünf Wochen vor Reiseantritt beim Veterinäramt oder Ihrem Tierarzt einholen).
Reisen mit dem Auto: Die Katze kommt am besten in einem Kennel (→ Zeichnung, Seite 42) auf den Rücksitz oder in den Fußraum des Autos. Fahren Sie vor allem in den Kurven langsam.
Dauert die Fahrt länger als vier bis fünf Stunden, Pause einlegen und Wasser anbieten – vor allem während sommerlicher Temperaturen. Unruhe kann ein »Müssen« bedeuten, Katzentoilette hinstellen.
Achtung: Während den Pausen Fenster nur so weit öffnen, daß die Katze nicht hinausklettern kann. Türen geschlossen halten. Bei großer Hitze nur im Schatten parken und Katze nicht lange im Auto alleinlassen (Gefahr eines Hitzschlags, → Seite 47). Bei Bedarf mit angefeuchteten Tüchern Kühlung verschaffen.

Kind und Kartäuser sind schnell unzertrennliche Freunde.

Reisen mit der Bahn: Hier gibt es mit der Katze im Inland keine Probleme – im Kennel reist sie sogar umsonst. Bei Auslandsreisen rechtzeitig erkundigen hinsichtlich der unterschiedlichen Veterinärbestimmungen und erforderlichen Impfungen.
Reisen mit dem Flugzeug: Rechtzeitig bei der Fluggesellschaft anmelden und Bestimmungen erfragen. Meist kann im Inland pro Flug wenigstens ein Tier im Passagierraum kostenlos mitreisen. Anderenfalls wird die Katze im Frachtraum untergebracht, was teuer und sehr strapaziös für das Tier werden kann.

Die Katze geht nicht mit auf die Reise
Tierpension: Suchen Sie schon frühzeitig nach einer geeigneten Pension, erfragen Sie genaustens die Bedingungen und entscheiden Sie sich nur für eine Pension, wenn Sie hinsichtlich der zu erwartenden Betreuung auch vollkommen überzeugt sind.
Die Katze bleibt daheim: Dies ist meiner Ansicht nach die beste Lösung. Die Katze bleibt in ihrer gewohnten Umgebung und wird keinem Streß ausgesetzt. Natürlich kommt dies nur in Frage, wenn Sie eine Person kennen, die Ihren Liebling während Ihrer Abwesenheit liebevoll betreuen kann. Es genügt nicht, wenn der Katze nur das Futter hingestellt und die Toilette saubergemacht wird. Sie braucht auch ihre täglichen Streicheleinheiten.
Mein Tip: Vielerorts bieten sich sogenannte »Catsitter« an, die Katzen während der Abwesenheit ihrer Besitzer betreuen. Vielleicht haben Sie auch die Möglichkeit, bei Abwesenheit Ihres Betreuers seine Lieblinge zu pflegen. Dadurch würden sich sogar die Kosten gegenseitig aufheben.

Verhaltensweisen richtig deuten

In ihren Verhaltensweisen hat die Kartäuser fast nichts von dem verlernt oder verloren, was sie von ihren Urahnen mitbekommen hat. Bereits in der »Kinderstube« lernt das Katzenjunge zusammen mit den Geschwistern von der Katzenmama das richtige Sozialverhalten. Katzen sind zwar von Haus aus Einzelgänger, aber zwischendurch schätzen und brauchen sie die Gesellschaft ihrer Artgenossen.

Markieren

Sich reiben: Katzen markieren ihr Revier, indem sie mit dem Kopf und dem Hinterteil an Möbeln oder anderen Stellen reiben – auch an den Beinen »ihrer« Menschen. Aber Vorsicht, manchmal kann sich ein Kater beim harmlosen »Köpfchengeben« so hineinsteigern, daß der Drang zum Spritzen (→ unten) aufkommt.

Kratzen: Markiert wird auch beim Krallenwetzen – wenn die Katze gut erzogen ist – am Kletterbaum.

Beim Reiben und Kratzen hinterlassen Katzen mittels spezieller Duftdrüsen an Schläfen, Mundwinkeln, Schwanzwurzel und an den Unterseiten der Vorderpfoten Duftspuren, die besagen sollen: »Hier war ich!« Doch keine Angst, diese Art von Reviermarkierung wird von uns Menschen nicht wahrgenommen.

Spritzen: Sehr unangenehm dagegen ist das Harnabsetzen bei potent werdenden Katern. Vereinzelt kommt es auch bei rolligen Katzen vor. Es dient dazu, dem Partner »Liebesgrüße« auszusenden, ihn anzulocken beziehungsweise mögliche Rivalen fernzuhalten. Diese für uns Menschen sehr unangenehme Eigenschaft kann leider nur durch eine Kastration behoben werden (→ Seite 48).

Körpersprache

Schwanz: Reibt sich die Katze mit hocherhobenem Schwanz an unseren Beinen, will sie unsere Aufmerksamkeit. Langsame Zuckungen des Schwanzes deuten darauf hin, daß uns Sympathie entgegenkommt! Vorsicht hingegen ist geboten, wenn die Schwanzspitze vibriert – viel läßt sie sich jetzt nicht mehr gefallen. Vorletzte »Alarmstufe« besteht, wenn die Katze mit dem ganzen Schwanz schlagend, unter langgezogenen Miau-Lauten, sich wütend zeigt. Meist sind Zorn oder Schmerz der Grund für diesen Erregungszustand.

Katzenbuckel: Die höchste Alarmstufe zeigt uns der Katzenbuckel an. Mit flach zur Seite angelegten Ohren ist die Katze unter tösendem Miau bereit zu Sprung und Angriff.

Flähmen: Hat sich eine Katze an einem Gegenstand »verewigt«, wird dieser von anderen Artgenossen intensiv kontrolliert, man sagt auch, die Katze »liest Zeitung«. Dabei öffnet sie halb die Schnauze und läßt die Zunge leicht hervorschauen. Durch die verstärkte Luftströmung ist die Geruchswahrnehmung optimal und der kleinste »Artikel« kann bis ins Detail gelesen werden.

Sich lecken: Nach intensiver Schmuserei und Spielerei mit uns Menschen oder mit Artgenossen leckt sich die Katze meist. Damit drückt sie ihr Wohlbefinden aus, und natürlich putzt sie sich auch dabei. Dies tut sie übrigens sehr häufig, auch nach jedem Fressen. Katzen sind sehr reinliche Tiere, ihr Fell riecht im Gegensatz zum Hund immer gut – bei jeder Witterung. Die sogenannte »Katzenwäsche« wurde wohl von einem unkundigen Laien erfunden.

Treteln: Jedes Katzenbaby massiert mit seinen Vorderpfoten die für ihn reservierte Zitze der Mutter, um den Milchfluß anzuregen (Milchtritt). Diese kindliche Verhaltensweise behalten auch aus-

gewachsene Katzen bei, oft mit ausgefahrenen Krallen, zum Beispiel wenn sie es sich auf Ihrem Schoß gemütlich machen wollen.
Sich wälzen: Wirft sich die Katze spontan vor Ihnen auf den Rücken und dreht dabei laut schnurrend den Kopf hin und her, drückt sie damit ihr Wohlbefinden aus und möchte gern ausgiebig von Ihnen gekrault werden.
Pfote heben: Will die Katze unbedingt in Ruhe gelassen und beim Träumen nicht gestört werden, zeigt sie dies deutlich, indem sie eine Vorderpfote anhebt und die Ohren anlegt.
Zuscharren der Nahrung: Es kann passieren, daß Ihre Katze die servierte Lieblingsmahlzeit lediglich kurz beschnuppert und dann »zuscharrt« – natürlich nicht richtig, sie scharrt fiktiv auf dem Fußboden neben dem Futternapf. Und schon nach wenigen Minuten wird die Mahlzeit mit Appetit verspeist.
Mit diesem Verhalten folgt sie einem Urinstinkt. Wildkatzen vergraben ihre Nahrung, um in Hungerzeiten auf eine Reserve zurückgreifen zu können.

Lautsprache

Miau-Laute: Bald werden Sie herausfinden, was man Ihnen mit »Miau« oder »Miiiau« sagen möchte. Das eine Miau kann – verbunden mit Schnurren – Begrüßung bedeuten, das andere Hunger ankündigen (wenn Ihr Vierbeiner dabei vorneweg in die Küche läuft) oder zum Schmusen und Spielen auffordern.
Schnattern: Entdeckt die Katze zum Beispiel hinter der Fensterscheibe eine Fliege oder einen Vogel, können wir meist ein aufgeregtes Schnattern vernehmen. Dabei klappert sie mit den Zähnen und gibt gurgelnde Laute von sich.
Knurren: Bedeutet nicht immer höchste Verärgerung, sondern ist lediglich eine Vorwarnung. So zeigt Lady F., an einem lauschigen Plätzchen liegend, ihren Nachkommen durch ein brummendes Knurren an, daß sie ihre unbedingte Ruhe haben will.
Bei Rivalitätskämpfen oder während der Paarung gehört Knurren zum Ritual.
Schnurren: Drückt im allgemeinen hohes Wohlbefinden aus. Schnurrend wird man auch begrüßt und zum Schmusen

Kräftemessen gehört zum Spiel der Katzenkinder: »Ich bin stärker als du!«

Was sich bewegt, reizt zum Fangen.

Und erwischt!

oder Spielen aufgefordert. Damit macht die Kartäuser aber auch auf etwaige Hungergefühle aufmerksam. Sogar ein krankes Kätzchen kann schnurren. Ich deute dies als hilfesuchendes Signal, womit es sich auch selbst beruhigt.

Rangordnung

Leben mehrere Katzen zusammen, existiert innerhalb der Gruppe eine Rangordnung. Meist gibt es ein oder zwei Ober-Katzen, die gewisse Vorrechte genießen.

Wird Lady F. zum Beispiel ein Jungtier hinzugesellt, verhält sie sich anfänglich nicht gerade »ladylike«, sondern vielmehr als wahre Chefin. Nach kurzem Nasenkontakt will sie das Hinterteil des Neulings kontrollieren, das heißt beriechen. Versucht das kleine Wollknäuel dasselbe bei ihr, hindert sie es fauchend daran. So werden die »Untertanen« von Beginn an in ihre Schranken verwiesen. Dennoch will Lady F. nicht auf ihre Sippe verzichten – Hauptsache, sie bleibt die Rangoberste. Nach verträumten Stunden sucht sie die Rangunteren, um sie zum Spielen anzuspornen. Durch plötzliches Toben und Miauen kündigt sie dem Katzenpulk an: »Jetzt geht's rund!« Dann wird gemeinsam über Tische, Stühle und Schränke getobt.

Sinnesleistungen

Augen: Katzen haben ein ausgezeichnetes Sehvermögen. Bei Nacht sehen sie fast genauso gut wie bei Tag. Ihre Augen stellen sich auf die jeweilige Helligkeit sehr schnell ein, indem sie die Größe der Pupillen verändern. Im grellen Sonnenlicht ziehen sich die Pupillen zu einem senkrechten Strich zusammen; in fast dunkler Nacht werden sie kreisrund. Deshalb können Katzen auch

Das Spiel beginnt von vorne.

nachts sehen – bei totaler Finsternis geht allerdings nichts mehr.
Inwieweit Katzen auch Farben erkennen können – darüber streiten sich die Gelehrten. Krasse Farbunterschiede, zum Beispiel zwischen Schwarz, Rot und Weiß, nehmen sie jedoch wahr.
<u>Ohren:</u> Der Gehörsinn ist bei Katzen stark ausgeprägt. Auch kleinste Geräusche werden registriert. Selbst eine vorbeihuschende Maus wird einer schlafenden Katze nicht entgehen.
<u>Tasthaare:</u> Der Tastsinn einer Katze ist so stark entwickelt, daß sie sich zur Not auch »blind« in ihrem Revier zurechtfinden kann. Die wichtigsten Tasthaare befinden sich an der Schnauze, den Augen und den Pfoten.
Bereits ein junges Kätzchen kann mittels der Schnurrhaare an der Schnauze »erfühlen«, ob es mit dem Körper durch eine kleine Öffnung kommt oder nicht.
<u>Nase:</u> Im Vergleich zum Hund ist die Nase bei der Katze viel kleiner, und auch ihr Geruchssinn ist geringer entwickelt. Das kommt daher, daß Katzen in Vorzeiten ihrer Beute nicht mehrere Kilometer nachspüren mußten wie Hunde, sondern in den Vorratskammern der Menschen bereits einen »gedeckten Tisch« vorfanden.
Immerhin kann sich die Katze mit Hilfe ihres Geruchssinns jede Person und jedes andere Tier ihrer Umgebung einprägen.
<u>Geschmack:</u> Auf der Zunge befinden sich winzige Geschmackswarzen (Papillen). Katzen sind aber generell keine Feinschmecker, wie vielfach angenommen wird. Vielmehr ist ihr »Geschmackscomputer« nur aufgrund von bestimmten Gewohnheiten und Gerüchen so exakt programmiert.

Spielzeug gehört in jede Katzenwohnung – erst recht, wenn das Kätzchen oft allein ist und seine Menschen berufstätig sind. In diesem Fall müssen Sie sich umso intensiver mit dem Tier beschäftigen, sobald Sie zuhause sind.

Das richtige Spielzeug
Zum körperlichen »Fitneßtraining« werden zum Beispiel Hartgummi-Bälle, Fellmäuse, Angeln oder Spielreifen gern genommen. Ein großes Angebot an Spielzeug für Katzen findet sich im Zoofachhandel. Aber auch im Haushalt gibt es unzählige Dinge, die sich hervorragend zum Spielen eignen: Papprollen, Papierkugeln, Wollsocken (eventuell mit eingenähter Katzenminze), begrünte Bambuszweige als Angelruten und vieles mehr.
Achtung: Mit folgenden Dingen sollte Ihre Katze nicht spielen:
- Weichgummiteile, Bällchen aus Zeitungspapier oder Alu (abgenagte Teilchen können im Verdauungstrakt schwerwiegende Probleme verursachen).
- Unelastische Bänder, Kordeln und Wollfäden sowie auch die im Fachhandel angebotenen »Angelruten« für Katzen nur unter Aufsicht zum Spielen geben (die Katze kann sich die Pfoten abbinden oder sich erwürgen).
- Vorsicht auch bei Spieltieren: die Glas- oder Kunststoffaugen können sich leicht herauslösen und verschluckt werden.

Kartonhaus zum Spielen
Zeichnung 1
Größere Kartons können ganz einfach in ein lustiges »Katzenspielhaus« umfunktioniert werden:
Schneiden Sie mit einer Schere oder mit dem Messer mehrere Löcher aus dem Karton heraus, die so groß sein sollten, daß Ihre Katze bequem hindurchsteigen kann. Stellen Sie den Karton dann wie ein Häuschen mit der Öffnung nach unten auf den Boden. Ihre Katze wird mitunter stundenlang rein- und rausklettern und sich so richtig austoben.

Katzenminze schmeckt
Bieten Sie Ihrem Liebling Katzenminze als »Opium« an (im Fachhandel als Topfpflanze erhältlich). Die Katze holt sich den gewünschten »Rausch« bei Bedarf. Katzenminze beruhigt und steigert das allgemeine Wohlbefinden.
Mein Tip: Wenn Sie Kratzbaum, Kratzbrett oder Schlafplatz mit Katzenminze einbalsamieren, akzeptiert ihn Ihre Katze schneller.

Kratzbaum selber bauen
Zeichnung 2
Einen Kratzbaum können Sie leicht selbst bauen. Auf folgende Punkte sollten Sie achten:
- Er muß stabil und möglichst hoch sein. Am besten ist es, wenn der Kratzbaum bis unter die Zimmerdecke geht.
- Eine Seite sollte glatt durchlaufend sein, die Sitzbretter dürfen nicht überstehen, so daß die Katze ohne Unterbrechung in einem Schwung hochklettern kann.
- Einen Überlick genießt Ihr Vierbeiner sicher gern auf einem hoch oben angebrachten, womöglich gepolsterten Sitzbrett.
Kann die Katze von dort aus noch einen Schrank oder ähnliches erreichen, ist der Kratzbaum nahezu perfekt.
- Kratzbaumhöhlen sind für Kartäuser nicht erforderlich. Ihr dickes Plüschfell speichert genug Wärme.
- Richtige kleine Bäume, zum Beispiel Birken oder Weiden, sind unseren Mitbewohnern sicher ebenso willkommen. Wichtig sind starke Zweige und Verästelungen, die etwas aushalten.

1 | Kartonhaus
Mit so einem kinderleicht herzustellenden Spielhaus zum Rein- und Rausklettern bereiten Sie Ihrer Katze ein großes Vergnügen.

Mein Tip: Stellen Sie so viele Kratzbäume wie möglich auf, vor allem wenn Sie mehrere Katzen haben.

Und so wird's gemacht:

- Besorgen Sie sich vom Schreiner ein abgerundetes, zimmerhohes Kantholz (10 x 10 cm).
- Lassen Sie sich auch 2 oder 3 etwa 2,5 cm dicke Sitzbretter (35 x 50 cm) zurechtsägen.

Sitzbretter anbringen: Bevor der Kratzbaum selbst befestigt wird, müssen die Sitzbretter angebracht werden:

- Dazu aus jedem Brett ein Loch im Durchmesser des Kratzbaumes beziehungsweise Kantholzes aussägen, und zwar von der Schmalseite des Brettes aus 2 cm nach innen versetzt (→ Zeichnung 4). Wird der Baum später mit Schnur umwickelt, schließt das Brett so fast bündig mit dem Baum ab.
- Dann am Sitzbrett ein Winkeleisen (Schenkellänge mindestens 20 cm) mit je 2 Schraubstellen für Brett und Baum anbringen (→ Zeichnung 2).
- Erst jetzt das Brett über den Kratzbaum stülpen und an der richtigen Höhe festschrauben. Am besten ein Brett in der Mitte des Baumes und eines ganz oben anbringen.

Wichtig: Sitzbretter so anbringen, daß die Katze später an einer Seite ohne Unterbrechung hochklettern kann.

Kratzbaum stabilisieren:

- Zur Befestigung an Boden und Decke Löcher im Winkeleisen (oder Alublech) vorbohren.
- Oben und unten am Kratzbaum stabile Winkeleisen oder geknickte Alubleche anschrauben (→ Zeichnung 2).

Mit Sisal umwickeln: Jetzt ist das »Gerüst« fertig und der Baum muß nur noch mit Sisalschnur (∅ = 10 mm) umwickelt werden (in einer Seilerei oder im Zoofachhandel erhältlich).

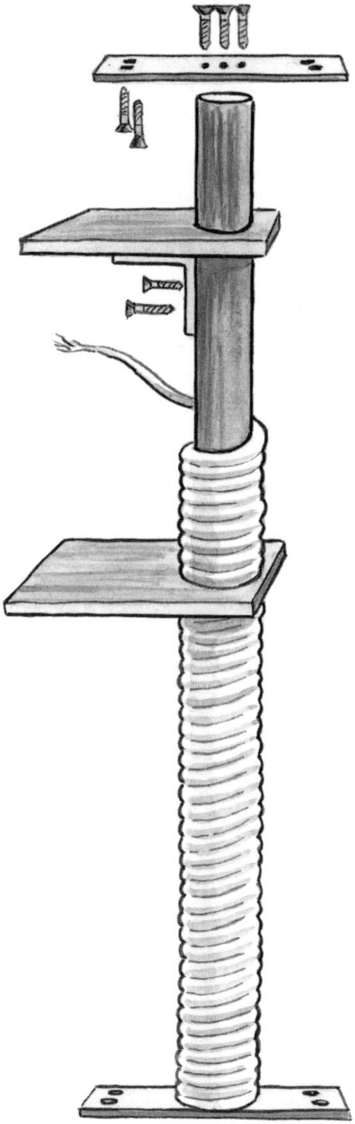

- Bei einer Raumhöhe von 2,5 m und einem Kratzbaumumfang von 40 cm werden 100 m Sisal benötigt (Raumhöhe × Umfang).
- Geben Sie noch 10 % dazu, denn durch das erforderliche straffe und dichte Umwickeln wird die Sisalschnur noch etwas zusammengedrückt.
- Nach jeweils etwa 10 Umdrehungen die Schnur mit kleinen Krampen befestigen. Die Krampen so anbringen, daß sich die Katze später nicht verletzen kann (→ Zeichnung 3)

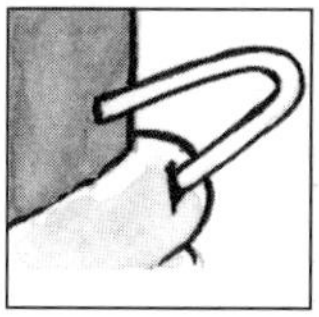

3 Wichtig ist, daß die Krampen nur zwischen der umwickelten Schnur angebracht werden.

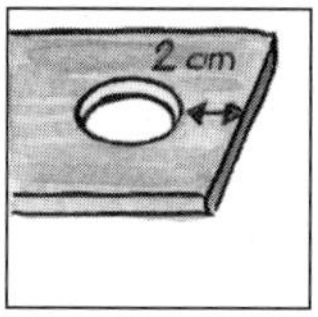

4 Beim Sitzbrett muß das Loch für den Kratzbaum 2 cm vom Rand entfernt ausgeschnitten werden.

Mein Tip: Vor dem Umwickeln die Sisalschnur anfeuchten, dann sitzt sie nach dem Trocknen fester und kann die späteren »Torturen« durch die Katze gut aushalten.

2 Kratzbaum
Vor allem für Wohnungskatzen ist ein Kratzbaum unerläßlich – nicht nur zum Krallenschärfen, sondern auch zum Klettern, Spielen, Toben und Träumen.

Kartäuser gesund ernähren

Kartäuser lieben es, das Geschehen aus sicherer Distanz genau zu beobachten.

Gesund sein und bleiben setzt eine vielseitige und ausgewogene Ernährung voraus. Das gilt auch für Katzen. Im Vergleich zum Menschen haben Katzen aber einen ganz anderen Energiebedarf – sie benötigen beispielsweise mehr Eiweiß und weniger Fett. Kohlehydrate sollten auf jeden Fall als Beikost gegeben werden.

Wissenswertes zu den einzelnen Nahrungsbausteinen

Diejenigen, die ihrem Liebling gern selbst die Mahlzeiten zubereiten wollen, müssen sehr darauf achten, daß das Angebot an Nährstoffen ausgewogen bleibt, da es sonst zu Mangelerscheinungen kommen kann.
Hier einige Tips.
Fleisch: Eine wildlebende Katze nimmt mit ihrer Beute (Mäuse und andere kleine Nagetiere) außer Fleisch zusätzlich wichtige Vitamine, Mineralstoffe wie Calcium und auch Kohlehydrate auf. Sie erhält diese »Beikost« aus dem Magen- und Darminhalt des Beutetiers. Eine reine Fleischfütterung wäre also für die Katze eine Mangelernährung. Sie würde zuwenig Calcium bekommen (Calciummangel führt zu Bewegungsstörungen und zu spontanen Knochenbrüchen) und zuviel Phosphor (Phosphor behindert die Calcium-Aufnahme im Körper).
Daher ist es wichtig, die Fleischnahrung durch die Zugabe von Calcium, das zum Beispiel in Gemüse (Karotten, Petersilie, Schnittlauch) enthalten ist, oder durch Hefe- und Gemüseflocken zu ergänzen.
Fleisch vom Rind, Schaf, Pferd oder Kaninchen sollten Sie nur dann roh verfüttern, wenn Sie es ganz frisch und aus einwandfreien Beständen erwerben können. Im Zweifelsfall lieber abkochen und die Brühe mitverwenden.
Achtung: Schweinefleisch niemals roh verfüttern! Es kann den Erreger der tödlichen Aujeszkyschen Krankheit enthalten (→ Pseudowut, Seite 44).
Fisch: Fisch darf nur gekocht und ohne Gräten verabreicht werden. Das Abkochen ist wegen eventuell vorhandener »Spuren« von Fischbandwurm und wegen schädlicher Enzyme, die bei rohen Flußfischen nachgewiesen wurden, erforderlich. Fisch können Sie mit Reis und Gemüse sowie Butterflöckchen oder 1 Teelöffel reinem Keim- oder Sonnenblumenöl anreichern.
Geflügel: Geflügel darf wegen der Salmonellengefahr immer nur abgekocht verabreicht werden. So lassen sich auch die gefährlichen Splitterknochen leicht vom Fleisch ablösen. Die Brühe kann mitverwendet werden. Auch hier durch Beikost wie Reis, Nudeln, Gemüse, Petersilie oder Schnittlauch ergänzen.
Küken: Wegen der niemals auszuschließenden Salmonellengefahr sollten Küken besser nicht verfüttert werden.
Innereien: Ich rate grundsätzlich davon ab, Innereien zu füttern, da sich darin Schad- und Giftstoffe ablagern (Ausnahme: Rinderherz).
Erhält die Katze zuviel Leber, besteht außerdem die Gefahr einer Vitamin-A-Vergiftung, in deren Folge es zu Gelenkschäden und anormalen Verknöcherungen kommen kann.

Nichts vermag die Jungkatze von einer leckeren Breimahlzeit abzulenken.

Rohe Leber kann zudem Durchfall auslösen, gekochte Leber Verstopfung.
Gemüse: Gemüse wie Karotten, Sellerie oder Spinat sollten Sie nur gedünstet anbieten, damit die darin enthaltenen Stoffe vom Körper aufgenommen werden können. Hülsenfrüchte lieber nicht füttern, sie rufen Blähungen hervor.
Getreide: Getreide (Grieß, Reis, Hafer- und Getreideflocken) nur gekocht als Brei füttern. Die in ungekochtem Getreide enthaltene Rohstärke kann vom Katzenorganismus nicht abgebaut werden.

Mein Tip: Bereitet Ihnen das Abkochen von Getreide zuviel Mühe, können Sie zwischendurch auch Cornflakes oder Zwieback als Beikost verwenden.
Eigelb: Gekochtes oder rohes Eigelb können Sie Ihrer Katze einmal in der Woche anbieten. Rohes Eigelb unbedingt nur von frischen Eiern (wegen der Salmonellengefahr) und eventuell mit etwas Rahm oder Milch verquirlt geben.
Neigt Ihre Katze zu Durchfall, sollten Sie nur gekochtes Eigelb füttern.

Milch: Milch ist ein Nahrungsmittel und kein Trinkwasserersatz. Manche Katzen können den darin enthaltenen Milchzucker (Lactose) aber nicht abbauen. Sie vertragen die Milch nicht und bekommen dann Durchfall.
Wasser: Bieten Sie Ihrer Katze täglich frisches Trinkwasser an, am besten in einem standfesten Gefäß, das nicht so leicht umkippen kann.
Vitamine: Bei selbstzubereiteten Mahlzeiten müssen Vitamine zugegeben werden. Welche Vitamine und wieviel davon sollten Sie mit dem Tierarzt besprechen. Ein Zuviel an Vitaminen kann zu großen Gesundheitsschäden führen.

Das dürfen Katzen nicht fressen

- Rohes Schweinefleisch (es kann den Erreger der tödlichen Pseudowut – Aujeszkysche Krankheit – enthalten, → Seite 44),
- Roher Fisch (die Übertragung von Wurmeiern ist möglich; in rohem Flußfisch wurden außerdem schädliche Enzyme nachgewiesen),
- Salzheringe (zuviel Salz ist schädlich, führt zu Verdauungsproblemen),
- Geflügelknochen (sie splittern und können zwischen den Zähnen oder im Hals steckenbleiben),
- Stark gewürzte Essensreste (verursachen Verdauungsprobleme),
- Wurst (zu stark gewürzt, verursacht Verdauungsprobleme),
- Scharfer Käse (führt zu Verdauungsproblemen),
- Süßigkeiten (Zucker kann Durchfall verursachen).

Das lieben Kartäuser

Die im folgenden angegebenen Mengen gelten für erwachsene Kartäuser und entsprechen einer von zwei Tagesmahlzeiten.
Mein Tip: Mischen Sie 1 Teelöffel Maiskeim- oder Sonnenblumenöl unter die Mahlzeit, so können auch die Vitamine besser aufgeschlossen werden.

Rinderherz:
100 g Rinderherz (roh oder gekocht),
50 g Karotte (gedünstet),
1 EL Gemüseflocken,
1 TL Öl.

Fisch:
150 g gekochten Fisch,
1 EL Gemüse- oder Hefeflocken,
1 TL Butter,
1 EL rohgehackte Petersilie oder Schnittlauch.

Geflügel:
100 g gekochtes Hähnchenfleisch,
50 g Reis oder Nudeln,
1 EL Schnittlauch.

Rindfleisch:
100 g Kronfleisch vom Rind,
50 g Spinat (gedünstet),
1 EL Flocken,
1 TL Öl oder
1 Eigelb.

Wichtig: Ob selbst zubereitetes oder Fertigfutter – während der Wachstumsphase täglich 1 Messerspitze Kalk (Fachhandel) oder Schlämmkreide (Apotheke) unters Fressen mischen (später genügt 3mal wöchentlich).

Fertigfutter

Manche halten es immer noch für das beste, die Mahlzeiten für die Katze ausschließlich selbst zuzubereiten. Ich teile diese Ansicht nicht unbedingt. Denn niemand ist in der Lage, auch nur annähernd ein so ausgewogenes Futter herzustellen, das den Bedürfnissen unserer Samtpfoten hundertprozentig gerecht wird. Bereits durch die erforderlichen Kochvorgänge gehen viele wichtige Vitamine, Mineralien und Spuren-

elemente verloren und oft stimmt auch die Dosierung nicht.
Im Fertigfutter dagegen, das in reichhaltiger Vielfalt angeboten wird, ist alles, was die Katze braucht, in einem ausgewogenen Verhältnis enthalten.
Am besten bieten Sie Ihrem Liebling beides an, Fertigfutter abwechselnd mit selbstzubereiteten Mahlzeiten.
Mein Tip: Verzichten Sie auf Fertigfutter, das durch Konservierungsstoffe künstlich haltbar gemacht wurde. Konservierungsstoffe können die unterschiedlichsten Allergien auslösen.
Dosenfutter gibt es in den verschiedensten Geschmacksrichtungen. Wählen Sie die Marke, die den größten Fleischanteil im Verhältnis zur Beikost enthält und achten Sie darauf, daß kein Malz oder Soja zugesetzt ist. Diese Stoffe enthalten unter anderem Zucker, worauf manche Katzen mit blutigem Durchfall reagieren.
• Aufbewahrung: Dosenreste in Kunststoffbehälter umfüllen und im Kühlschrank höchstens ein bis zwei Tage aufbewahren. Vor dem Füttern in heißem Wasserbad auf Zimmertemperatur bringen.
Trockenfutter wird bei der Herstellung etwa 85% Feuchtigkeit entzogen. Es handelt sich also um eine hochkonzentrierte Nahrung. Eine reibungslose Verdauung funktioniert nur dann, wenn Ihre Katze viel Wasser trinkt. Bieten Sie Ihr deshalb zum Trockenfutter immer frisches Wasser an.
• Aufbewahrung: Trocken und kühl lagern, zum Beispiel in der Speisekammer.
Vorsicht: Vor allem bei Katern können Probleme (Harngrießbildung) auftreten, wenn sie zum Trockenfutter zu wenig trinken.
Mein Tip: Die abendliche Gabe von Trockenfutter hat einen Zahnputz-Effekt (→ Zähne und Zahnfleisch, Seite 27).

Die richtige Futtermenge
Wieviel Futter eine Kartäuser zu einem gesunden Leben braucht, ist individuell verschieden. Es hängt auch vom Energieverbrennungsprozeß des jeweiligen Tieres ab. Eine temperamentvolle Kartäuser, die sehr bewegungsaktiv ist, hat einen höheren Kalorienbedarf als ein ruhigerer Typ.
Setzt die Katze zuviel Fett an, sollten Sie die Mahlzeiten reduzieren (→ auch Kastrierte Kartäuser, Seite 41). Ein kleines Pölsterchen dürfen und sollen Kartäuser haben, das gehört zu ihrem besonderen Rassetyp. Sieht man hingegen die Rippen, muß die Ration unbedingt erhöht werden.

Papyrus oder Katzengras braucht die Katze zwischendurch zum Knabbern.

Hinsichtlich der Futtermenge gibt es aber trotz allem Richtwerte, an denen Sie sich orientieren können.

Leicht mißmutig wartet die Katze, bis die Störung vorbei ist,

Ausgewachsene Kartäuser: Als Durchschnittswert für eine erwachsene Kartäuser mit einem Körpergewicht von etwa 5 kg gilt:

- pro Tag etwa 200 g Fleisch und 100 g Beikost (am besten verteilt auf morgens und abends) oder
- etwa 300 g Dosenfutter oder
- etwa 50 bis 60 g Trockenfutter.

Jungtiere: Im Gegensatz zu ausgewachsenen Kartäusern brauchen Jungtiere während der Wachstumsphase insgesamt eine größere Futtermenge und diese auf mehrere Mahlzeiten am Tag verteilt.

- Von 1 bis 6 Monate: 1mal täglich zusätzlich (am besten morgens) 2 bis 3 gehäufte Eßlöffel Baby-Milchbrei (vorher werden sie ausschließlich von der Mutter versorgt).
- Ab dem 7. Monat mindestens 2mal täglich füttern wie erwachsene Tiere.

Mein Tip: Gewöhnen Sie Ihr Kätzchen so früh wie möglich an eine vielfältige Ernährung, damit es als ausgewachsene Katze nicht zu wählerisch wird. Eine spätere Ernährungsumstellung erfordert oft viel Liebe und noch mehr Geduld.

Trächtige Kartäuser: Sie brauchen hochwertiges Futter, aber nicht unbedingt mehr. Zusätzliche Vitamin- und Calciumgaben mit dem Tierarzt absprechen. Um ein Zugroßwerden der Föten zu verhindern (erschwerende Geburt), sollte eine trächtige Katze keine wesentlich größeren Futtermengen erhalten. Vor allem gegen Ende der Tragzeit empfiehlt es sich, das Futter auf mehrere kleine Portionen zu verteilen.

Säugende Kartäuser: Hier können Sie sich hinsichtlich der Futtermenge und Vielseitigkeit so richtig »austoben«. Ein Zuviel an Futter gibt es während dieser Zeit nicht. Im Gegenteil: Über die Mut-

um sich in aller Ruhe weiterputzen zu können.

ter bekommen die Katzenbabys alles Wichtige fürs spätere Leben. Und die Katzenmama hat gerade in den ersten Wochen der Jungenaufzucht erhöhten und abwechslungsreichen Energiebedarf. Auch die Calciumzufuhr muß stimmen (mit dem Tierarzt absprechen), sonst besteht die Gefahr, daß sie in »Eklampsie« verfällt, ein krampfartiger, bedrohlicher Schwächezustand.
Sofort nach der Geburt biete ich deshalb der Katzenmama täglich Babybrei mit zusätzlichen Calciumgaben an. Sie hat nämlich in der ersten Woche nach der Geburt Unglaubliches zu leisten. In den ersten sieben Lebenstagen haben die Kleinen etwa alle zwei Stunden Hunger und müssen entsprechend oft gesäugt und geputzt werden. Während dieser Zeit verdoppeln sie ihr Geburtsgewicht!

Ältere Kartäuser: Bei älteren Exemplaren ist es besonders wichtig, nur hochwertiges Futter zu geben, dafür aber lieber weniger. Außerdem muß die Eiweißzufuhr (Fleisch) wegen zu hoher Nierenbelastung reduziert und dafür die Beikost erhöht werden (doppelt soviel Beikost wie Fleisch).
Kastrierte Kartäuser: Bei kastrierten Kartäusern muß man rechtzeitig auf Übergewicht achten, da sie im Wesen ruhiger und gelassener werden und mehr fressen. Verabreichen Sie Magerkost (weniger fetthaltige Nahrung, zum Beispiel öfters Fisch und Reis) oder Spezialfutter für Kastraten (im Zoofachhandel oder beim Tierarzt erhältlich).

So bleibt Ihre Kartäuser gesund

Das Auftreten von Infektionskrankheiten bei Kartäusern kann nach meinen Erfahrungen weitgehend eingeschränkt werden. Optimale Haltungsbedingungen und entsprechende Hygiene-Vorkehrungen mindern das Infektions-Risiko erheblich. Dazu gehört auch die regelmäßige Reinigung des Katzenklos und die Säuberung des Schlafplatzes mit gelegentlichem Desinfizieren. Wenn Sie dann noch konsequent alle erforderlichen Impfungen (→ Impfplan, rechte Seite) und Entwurmungen (→ unten) durchführen, steht einem gesunden Katzendasein nichts mehr im Wege.

Entwurmung

Generell empfehle ich, Jungtiere im ersten Lebensjahr mindestens zweimal, später einmal im Jahr zu entwurmen, Zuchtkatzen und -kater entsprechend öfter (Fremdkontakt). Unerläßlich ist das kontinuierliche Entwurmen vor allem dann, wenn ein Hund mit im Haushalt lebt, wenn die Kartäuser Frischfleisch bekommt oder Freiauslauf hat.

Mein Tip: Der Tierarzt kann Ihnen zur vorbeugenden Anwendung ein Mittel gegen Würmer geben. Sie können aber auch eine Kotprobe untersuchen lassen, um dann nur bei tatsächlichem Wurmbefall zu behandeln.

Ein Kennel ist der beste Transportbehälter. Hier fühlt sich die Katze sicher.

Virus-Infektionen

Im folgenden sind gefährliche Virus-Erkrankungen beschrieben, die meist tödlich enden. Nur durch regelmäßige Impfungen können Sie Ihre Katze davor schützen (→ Impfplan, rechte Seite) – zumindest weitgehend, denn einen hundertprozentigen Impfschutz gibt es nicht. Stellen Sie bei Ihrer Katze die jeweils bei den Krankheiten aufgeführten Symptome fest, müssen Sie sofort zum Tierarzt gehen.

Katzenseuche (Panleukopenie): Übertragung erfolgt durch Virusträger aus der Umwelt oder direkt von Tier zu Tier. Die Abwehrkraft der Katze wird so geschwächt, daß die Krankheit zum Tode führen kann.

- Symptome: Erbrechen, Durchfall, Trägheit, Appetitlosigkeit, Fieber, Austrocknung wegen Flüssigkeitsmangel.

Katzenschnupfen: Übertragung direkt oder indirekt durch das Calici- und Herpes-Virus. Es können unheilbare Folgeschäden bis zur Erblindung auftreten.

- Symptome: Verklebte Augen und Nasenlöcher, Futterverweigerung, Apathie, eitriger Nasenausfluß, Mundhöhlen- und Rachenentzündung.

Impfplan für die Kartäuser

Impfung möglich gegen:	1. Impfung	2. Impfung	Jährlich 1 Wiederholungsimpfung
Katzenseuche			
Jungtiere	x (ab 7. Woche)	x (ab 12. Woche)	
Erwachsene Tiere			x **
Katzenschnupfen			
Jungtiere	x (ab 7. Woche)	x (ab 12. Woche)	
Erwachsene Tiere			x
Katzenleukose *			
Jungtiere	x (ab 9. Woche)	x (ab 12. Woche)	
Erwachsene Tiere			x
Feline Infektiöse Peritonitis (FiP)*			
Jungtiere	x (ab 16. Woche)	x (ab 19. Woche)	
Erwachsene Tiere			x
Tollwut			
Jungtiere		x (ab 8. Woche)	
Erwachsene Tiere			x

* Für die erste Vollimmunisierung sind 2 Impfungen im Abstand von etwa 3 Wochen erforderlich.
** Bei Lebendimpfstoff alle 2 Jahre impfen, bei inaktivem Impfstoff jährlich.

Katzenleukämie (Katzenleukose): Sie wird durch ein Retrovirus, das Feline Leukose-Virus (FeLV), ausgelöst. Das gesunde Tier wird durch die Ausscheidungen der erkrankten Katze infiziert. Eine Heilung ist nicht möglich.

- Symptome: Apathie, Abmagerung, geschwollene Lymphknoten.

Feline Infektiöse Peritonitis (FiP): Diese tödlich endende Krankheit wird durch die Infizierung mit dem Corona-Virus ausgelöst. Eine Früherkennung von FiP ist umstritten, da die Anzahl der Antikörper im Blut noch keinen zuverlässigen Aufschluß darüber gibt, ob FiP vorliegt oder nicht. Auch der Übertragungsweg ist sehr vielfältig.

- Symptome: Appetitlosigkeit, Apathie, Abmagerung, angeschwollener Bauch.

Katzen-AIDS (FIV = Feline Immundeficiency Virus): Die FIV-Infektion der Katze hat mit der HIV-Infektion (AIDS) des Menschen nichts zu tun und kann auch nicht auf den Menschen übertragen werden.
Die Erreger schwächen das Immunsystem der Katze derart, daß verschiedene Folge-Erkrankungen schließlich zum Tode führen. Die Übertragung soll durch Biß- und Kratzwunden sowie durch den Deckakt erfolgen. Nachzuweisen ist die Krankheit nur durch Bluttests. Eine Schutzimpfung ist nicht möglich.

• Symptome: Die Krankheit kann über lange Zeit keinerlei Anzeichen zeigen, im fortgeschrittenen Stadium können alle möglichen Symptome auftreten.

Tollwut: Sie wird durch das Rhabdo-Virus ausgelöst, das durch Speichel von Tier zu Tier beziehungsweise auf den Menschen übertragen wird. Da Tollwut bei nicht rechtzeitiger Schutzimpfung für den Menschen tödlich verläuft, hat der Gesetzgeber die Tollwutschutzverordnung geschaffen. Diese besagt, daß tollwuterkrankte oder mit tollwutkranken Tieren in Berührung gekommene, nicht geimpfte Katzen getötet werden müssen. Tollwutgeimpfte Tiere brauchen nicht getötet zu werden.

• Symptome: Ängstlichkeit, Angriffslust und Lähmungen mit vorausgehendem Speichelfluß.

Pseudowut (Aujeszkysche Krankheit): Infektion erfolgt über ein Herpes-Virus, das durch rohes Schweinefleisch übertragen wird. Die Krankheit bricht eine Woche nach dem Verzehr aus und führt zum Tod. Impfung ist nicht möglich.

• Symptome: Scheu, Apathie, Krämpfe, Erbrechen, Lähmungen.

Bakterielle Infektionen

Bei rechtzeitiger Behandlung bestehen für bakterielle Erkrankungen gute Heilungsaussichten. Bemerken Sie bei Ihrer Katze folgende Symptome, sollten Sie den Tierarzt aufsuchen.

Chlamydia: Starke Augenentzündung mit Nickhautvorfall. Impfung ist möglich. Behandlung durch Antibiotika.

• Symptome: Stark geschwollene, gerötete Augen.

Mikrosporie: Hautpilzerkrankung. Die Übertragung erfolgt über Mikrosporen direkt von Tier zu Tier oder auch auf den Menschen, indirekt über Gegenstände (Putzutensilien, Schlafplätze).

• Symptome: Haarlose Stellen, Schuppen, Pusteln an Kopf, Hals, Beinen.

Parasiten: Flöhe, Läuse, Fliegen und Zecken sind oft mitverantwortlich für die Übertragung von Krankheiten. Vorbeugen durch Hygiene-Maßnahmen wie regelmäßiger Wohnungsputz, kontrollierter Freiauslauf, regelmäßige Fell- und Revierkontrollen. Kartäusern mit Auslauf kann man auch Ungezieferhalsbänder anlegen, manche Tiere reagieren darauf jedoch allergisch. Bei Verdacht auf Parasiten-Befall Tierarzt aufsuchen.

• Symptome: Kratzen, Kopfschütteln, Flohkot im Staubkamm.

Achtung: Dauerndes Kratzen kann auch auf eine Allergie hinweisen.

Ohrmilben: Milben können sich im Ohrbereich der Katze einnisten und Entzündungen hervorrufen. Der Tierarzt kann Ohrmilben leicht diagnostizieren und behandeln.

• Symptome: Katze schüttelt häufig den Kopf und kratzt sich am Ohr. Im Ohr ist ein schmieriger, bräunlicher Belag erkennbar.

Krankheiten, die auf den Menschen übertragbar sind

Diese Krankheiten, auch Zoonosen genannt, werden durch mangelnde Hygiene in der Fütterung und Haltung begünstigt. Das erkrankte Tier scheidet die Erreger aus und gefährdet so seine Umgebung – und auch den Menschen.

Mikrosporie: Diese Hautpilzerkrankung äußert sich beim Menschen durch rote, juckende Hautstellen. Im Zweifelsfall zum Arzt gehen.

Tollwut: Schutzimpfung bei Katzen, die ins Freie kommen, ist gesetzlich vorgeschrieben.

Toxoplasmose: Für den Menschen ist Toxoplasmose vor allem während der Schwangerschaft gefährlich, da diese Krankheit beim ungeborenen Kind zu schweren gesundheitlichen Schäden

Ältere Menschen finden in einer Katze einen zuverlässigen Freund, der auch die Einsamkeit vertreibt.

führen kann. Eine Gefahr besteht aber nur dann, wenn die Frau vor Beginn der Schwangerschaft noch keine Toxoplasmose durchgemacht hat. Die meisten Menschen sind aber irgendwann einmal unbemerkt an Toxoplasmose erkrankt. Dabei haben sich Antikörper gebildet. Schwangere Frauen sollten sich aber in jedem Fall testen lassen. Wenn keine Antikörper nachgewiesen werden, muß auch die Katze getestet werden.
Eine Infizierung ist möglich über Katzenkot (er muß allerdings schon drei Tage alt sein!) und durch den Genuß von rohem Fleisch.
Mein Tip: Während der Schwangerschaft ist Hygiene besonders wichtig. Tragen Sie beim regelmäßigen Säubern des Katzenklos Handschuhe und geben Sie Ihrer Katze kein rohes Fleisch, sondern nur Dosenfutter. Verzichten Sie selbst auch auf den Verzehr von rohem Fleisch.

PRAXIS
Erste Hilfe

Ist die Katze krank, müssen Sie erste Hilfe leisten.
Mein Tip: Sträubt sich Ihre Katze bei der Behandlung, wickeln Sie sie vorher fest in ein Tuch ein.

Fiebermessen
Zeichnung 1
Beim Fiebermessen sollte man am besten zu zweit sein: Einer nimmt das Tier auf den Schoß und hält den Schwanz hoch. Der andere führt das mit Vaseline eingefettete Thermometer vorsichtig etwa 1,5 cm weit waagerecht in den After ein. Am besten ist ein Digitalthermometer, da es eine kurze Meßdauer hat.
Die Normaltemperatur einer Katze liegt bei 38,5 °C. Bei Über- oder Untertemperatur müssen Sie den Arzt aufsuchen.

Tabletten eingeben
Zeichnung 2
Mit der einen Hand den Kopf der Katze umfassen und leicht in den Mundwinkeln drücken, damit sie das Maul öffnet. Mit der anderen Hand die Tablette so weit wie möglich nach hinten auf die Zunge legen. Maul schließen und die Katze unterm Kinn kraulen, damit sie die Medizin schluckt.
Mein Tip: Homöopathische Tabletten mit dem Löffel zerdrücken, damit die Wirkung über die Schleimhäute erfolgen kann. Das Pulver mit einem Plastiklöffel auf die Zunge geben, nur nicht so weit nach hinten, damit die Katze sich nicht verschluckt.

Flüssige Medizin eingeben: Zuerst die Flüssigkeit mit einer Einwegspritze (ohne Nadel) aufziehen. Dann den Kopf der Katze halten wie beim Tablettengeben und die Medizin seitlich ins Maul spritzen – aber langsam, damit sich das Tier nicht verschluckt.

Augentropfen
Zeichnung 3
Den Kopf der Katze festhalten und dabei mit dem Daumen das Unterlid leicht nach unten ziehen. Mit der anderen Hand die Tropfen in die Lidmitte träufeln. Anschließend das Auge massieren. So wird das Medikament verteilt, bevor es die Katze wieder herausschütteln kann.

Insektenstiche
Stich in die Pfote: Wird Ihr Vierbeiner von einer Wespe oder Biene in die Pfote gestochen, müssen Sie mit Hilfe einer Pinzette den Stachel entfernen. Schwillt der Stich an, hilft wiederholtes Kühlen mit verdünntem Alkohol (im Verhältnis 1:5 mit Wasser verdünnt).
Stich am Kopf: Stachel entfernen und mit Eiswürfeln, die Sie vorher in ein Tuch wickeln, kühlen.

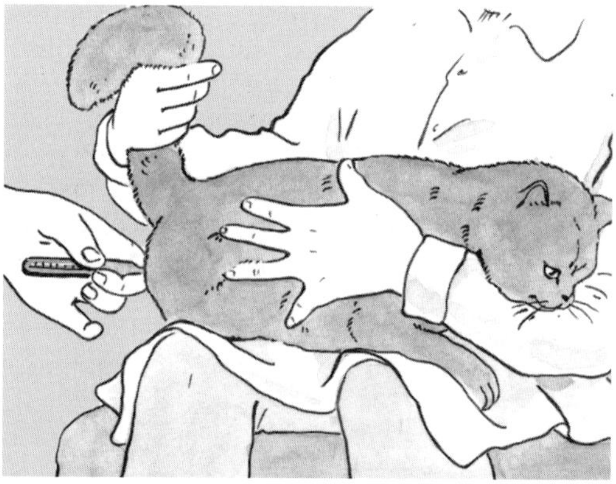

1 Beim Fiebermessen sollten Sie am besten zu zweit sein. Einer hält die Katze fest und den Schwanz hoch, der andere führt das Thermometer vorsichtig ein.

leicht massieren, damit sich die Medizin gut verteilt.

Ohrentropfen
Zeichnung 4
Die Ohrmuschel leicht nach hinten ziehen und die Tropfen ins Ohr träufeln. Das Ohr nicht mit der Pipette berühren, damit sie steril bleibt. Auch nicht in den leicht verletzlichen Gehörgang eindringen. Dann das Ohr zwischen Daumen und Zeigefinger

Achtung: Wurde Ihre Katze in den Rachenraum gestochen, sofort zum Tierarzt gehen! Es besteht die Gefahr, daß die Atemwege zuschwellen! Im Notfall erste Hilfe leisten: Einen kurzen, dünnen Schlauch in die Luftröhre schieben. Bekommt die Katze Panik, muß sie bis zum Kopf behutsam, aber fest in ein Badetuch eingewickelt und, den Kopf in Hochlage, sofort zum Arzt gefahren werden.

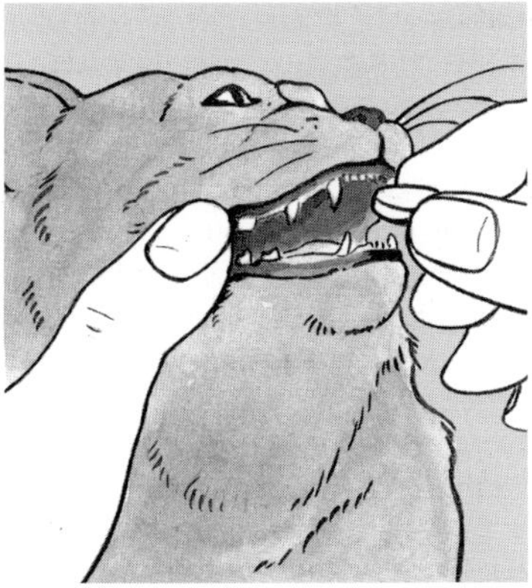

2| *Tablette so weit wie möglich nach hinten auf die Zunge legen.*

Schnitt- und Bißwunden

Bei kleineren Wunden zuerst den Schmutz mit einem Papiertuch entfernen und dann den Tierarzt aufsuchen.

Starke Blutungen am Bein oder der Pfote mit einer Mullbinde oder einem Taschentuch oberhalb der Wunde so fest abbinden, daß die Blutung zum Stillstand kommt. Wunde mit einer sterilen Kompresse bedecken, mit einem Verband fest umwickeln und sofort zum Tierarzt gehen!

Achtung: Spätestens nach einer halben Stunde sollten Sie den Tierarzt erreicht haben, sonst müssen Sie den Verband wieder lösen und die Blutung mit einem Tampon abdrücken.

Transport der verletzten Katze

Wurde Ihre Katze zum Beispiel von einem Auto angefahren, müssen Sie sie so sanft wie möglich zum Tierarzt befördern: Katze auf eine Decke »rollen«, mitsamt der Decke vorsichtig hochheben und flach in einen Transportbehälter legen und direkt zum Arzt fahren.

Wichtig: Wärmen Sie die Katze mit einer Decke, achten Sie darauf, daß die Atemwege frei bleiben (Erbrochenes entfernen) und sie auf der unverletzten Seite liegt.

Vergiftungen

Anzeichen: Katze ist apathisch, taumelt, speichelt, hat Lähmungserscheinungen. Blutiger Durchfall oder Urin sind Zeichen einer fortgeschrittenen Vergiftung.

Sofortmaßnahme: Erbricht das Tier nicht von selbst, Salzwasserlösung (1 Teelöffel auf 1 Tasse lauwarmes Wasser) mit einer stumpfen Spritze geben (→ linke Seite) und sofort zum Arzt fahren. Gelingt dies nicht, sollten Sie der Katze während der Fahrt zumindest Wasser zum Trinken geben, um das Gift zu verdünnen.

Wichtig: Wenn Sie wissen, um welches Gift es sich handelt, sollte vorab der Tierarzt telefonisch informiert werden, damit er schneller ein Gegenmittel zur Hand hat.

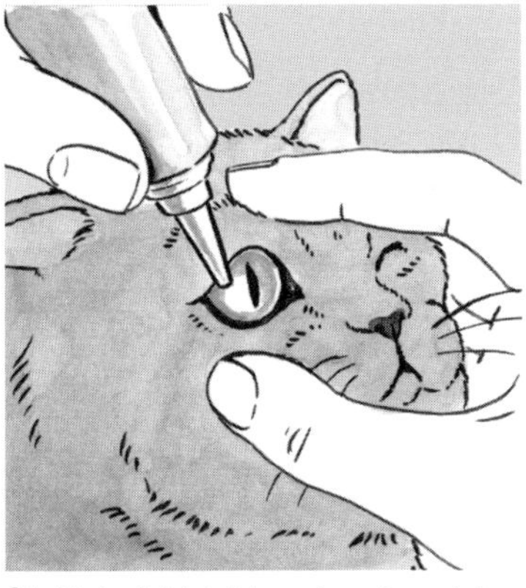

3| *Unterlid leicht nach unten ziehen und Tropfen in die Lidmitte geben.*

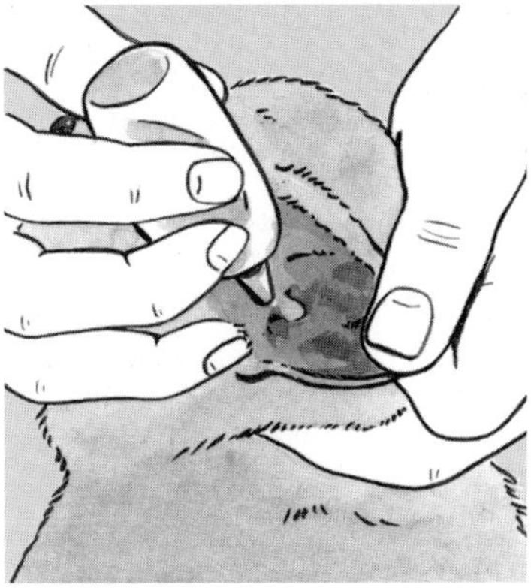

4| *Tropfen ins Ohr träufeln und das Ohr danach leicht massieren.*

Hitzschlag

Normalerweise sucht sich eine Katze bei Hitze einen geeigneten Schattenplatz. Ist ihr das nicht möglich, kann es zu einem Hitzschlag kommen.

Anzeichen: Die Katze hechelt und wirkt apathisch.

Maßnahme: Eisbeutelumschläge oder ein kurzes, kaltes Bad. Danach den Tierarzt aufsuchen.

Achtung: Lassen Sie Ihre Katze nie in einem in der prallen Sonne geparkten Auto allein.

Ertrinken

Ertrinkungsgefahr besteht bei Katzen vor allem an Gewässern mit steilen Ufern wie bei einem Swimming Pool. Aus Naturtümpeln kommen sie normalerweise selbst wieder heraus.

Erste Hilfe: Die Katze am Nacken herausziehen, dann an den Hinterpfoten halten und durch schnelles Kreisen das Wasser aus dem Körper schleudern. Ist die Katze danach wieder fit, erübrigt sich ein Tierarztbesuch.

Was der Tierarzt wissen muß

Um dem Arzt eine schnelle Diagnose zu ermöglichen, sollten Sie alle Verhaltensauffälligkeiten Ihrer Katze notieren:

- Hat sich ihre Freß- oder Trinkgewohnheit verändert?
- Hat sie Temperatur?
- Leidet sie an Durchfall oder Verstopfung? (Kotprobe mitnehmen!)
- Hat sie erbrochen?
- Kratzt sie sich oft?
- Hat sie Husten?

Impfpaß nicht vergessen!

Auf Bäume klettern gehört von Anfang an zu den Lieblingsbeschäftigungen einer Katze.

Hilfe bei kleinen Wehwehchen

Bei leichteren Erkrankungen können Sie Ihrem Vierbeiner auch selbst helfen.

Leichter Durchfall: 1- bis 2mal täglich eine kleine Portion Reisschleim mit gedünstetem Tartar, dazu verdünnten schwarzen Tee und Magnesium phosphoricum D 6 (2- bis 3mal täglich je 1 Tablette). Falls nach 1 bis 2 Tagen keine Besserung eintritt, Tierarzt aufsuchen.

Verstopfung: Verabreichen Sie entweder 1 Teelöffel Butter oder 1 Eßlöffel Dosenmilch oder 1 Eßlöffel Sahne oder 1 Eßlöffel Ölsardine oder 1 Eigelb mit etwas Traubenzucker vermischt. Nach 2 bis 3 Tagen sollte eine Besserung eintreten, sonst den Tierarzt aufsuchen.

Magen/Darm-Verstimmung: Hat sich Ihre Katze nur den Magen verdorben und besteht kein Verdacht auf eine Vergiftung (→ Seite 47), geben Sie ihr 3- bis 5mal täglich 2 bis 5 Tropfen Paspertin (Apotheke). Falls es am nächsten Tag noch nicht besser ist, zum Tierarzt gehen.

Haarballen (Bezoare): Hat die Katze beim Putzen zuviele Haare verschluckt, entstehen im Magen Haarballen, die meistens wieder ausgespuckt werden. Geben Sie Ihrer Katze trotzdem deshalb ab und zu ein Stückchen Butter. Die Haare werden dann auf dem Verdauungsweg ausgeschieden.

Mein Tip: Bieten Sie der Katze Schilfgras zum Fressen an. Es wird zusammen mit den Haaren ausgeschieden oder herausgespuckt.

Geschlechtsreife

Kartäuser gehören in der Regel nicht zu den Frühreifen. Dennoch kann ich aus meinen Erfahrungen sagen, daß bis zum Alter von etwa 15 Monaten jede Katze und jeder Kater geschlechtsreif geworden ist.

Bei der Katze: Ist die Katze plötzlich noch verschmuster als sonst, hat weniger Appetit, macht richtige Purzelbäume und gibt laute »Rufe« von sich, kündigt sich die erste Rolligkeit an – die Katze ist geschlechtsreif. Dieses Verhalten steigert sich, um dann nach etwa einer Woche abzuflauen und nach und nach zu verstummen.

Beim Kater: Die Geschlechtsreife kündigt sich beim Kater durch den typischen Kater-Gesang (Lockrufe) und durch intensiveren Urin-Geruch an, dem dann das »Spritzen« (→ Seite 30) folgt. Je nach Temperament markiert er unterschiedlich oft seine auserkorenen Objekte. Der Katergeruch stinkt sehr unangenehm und ist nur schwer wieder zu entfernen. Abhilfe schafft nur die Kastration.

Kastration

Bei der Kastration werden bei der Katze die beiden Eierstöcke entfernt, beim Kater die Hoden. Für den Kater ist dies ein leichterer Eingriff. Die Narkose ist geringer dosiert, die »Schlafphase« danach kürzer, er erholt sich schneller.

Zeitpunkt: Eine Katze sollte man frühestens nach Abklingen der ersten Rolligkeit kastrieren lassen, da sie voll entwickelt sein sollte. Wird sie zu früh rollig (vielleicht schon mit einem halben Jahr), empfiehlt es sich, die nächste Rolligkeit hinauszuschieben, weil sie

Irgendein Krabbeltier hat den Kletterakt dieser Kartäuser unterbrochen.

sich noch in der Entwicklung befindet. Der Tierarzt kann dies durch eine Hormon-Injektion bewirken.
Auch der Kater sollte mindestens ein Jahr alt sein, bevor er kastriert wird.
Wichtig: Zum Zeitpunkt des Eingriffs muß das Tier absolut gesund sein.
Nach der Operation: Öffnen Sie den Transportbehälter nicht zu früh. Die operierte Katze ist nämlich längst noch nicht bei vollem Bewußtsein, sie taumelt und könnte sich bei unkontrollierten Sprüngen verletzen. Erst nach etwa fünf Stunden biete ich lediglich das Katzenklo an, halte die Katze dabei und setze sie dann sofort in den abgedunkelten Behälter zurück. Im Winter lege ich zusätzlich eine Wärmflasche unter das Polster. Nach weiteren fünf Stunden öffne ich die Türe wieder, bin beim Toilettengang behilflich und biete Wasser an. Die erste Nacht verbringt die Katze im Transportbehälter und am nächsten Morgen sieht die Welt schon wieder anders aus.

Kartäuser züchten

Sind Sie an der Hobby-Zucht von Kartäusern interessiert, sollten Sie sich auch bei Ihrem Verband informieren. Denn eine Kartäuser hat bestimmte Anlagen zu erfüllen, wenn sie offiziell als Zuchtkatze beziehungsweise -kater anerkannt werden soll.

Wir wissen alle, daß es auf dieser Welt schon genug Katzen-Elend gibt. Deshalb wäre es verantwortungslos, Kartäuser deshalb zu vermehren, weil kleine Kätzchen doch so niedlich sind oder gar aus finanziellen Gründen – um es gleich zu sagen, Verdienen läßt sich mit verantwortungsvoller Zucht nichts.
Zur Kartäuser-Zucht entscheiden sollten Sie sich nur dann, wenn Sie:
- ein zuchttaugliches, dem Standard entsprechendes Exemplar besitzen (→ auch Zeichnung, Seite 6 und Steckbrief, Seite 7),
- über viel Zeit verfügen, denn die kleinen Kätzchen brauchen täglich Ihre Aufmerksamkeit und Zuwendung,
- genügend Räumlichkeiten besitzen (eventuell brauchen Sie zur ungestörten Entwicklung der Katzenjungen ein eigenes Zimmer),
- keine Kosten scheuen (Deckgebühren, tierärztliche Untersuchungen, Futter).

Haben Sie sich zur Zucht entschieden, müssen Sie sich zuerst »organisieren«, das heißt einem Zuchtverband anschließen (→ Adressen, Seite 63).

Zuchtrichtlinien und Zwingerschutz
Die Zuchtrichtlinien Ihres Verbandes sollten Sie genauestens studieren. Das gilt besonders für Anfänger. Am besten lassen Sie sich von einem befreundeten Hobby-Züchter beraten.
Nach den üblichen Zuchtstatuten müssen Sie beim Verband zunächst einen Antrag auf »Zwingerschutz« für Ihre künftige Zucht (Cattery) stellen. Wird der Antrag anerkannt, sind Sie nach Entrichtung der vom Verband geforderten Zwingerschutzgebühr berechtigt, den Kätzchen aus Ihrer Zucht den sogenannten Familiennamen zu geben. So heißen Kartäuser aus meiner Zucht zum Beispiel »Bavarians Blue«.

Bedingungen zur Zucht
Zuchtkater: Der Halter eines Zuchtkaters hat bestimmte Auflagen seines Verbandes zu erfüllen. Soll der Kater beispielsweise in das Deckkaterverzeichnis des 1. DEKZV (→ Adressen, Seite 63) eingetragen werden, sind folgende Punkte zu erfüllen:
- Der Kater muß mindestens einmal pro Jahr – frühestens ab dem 10. Lebensmonat – auf einer Ausstellung mit der Note »vorzüglich« bewertet werden (→ Seite 58).
- Er muß einen lebensfähigen Wurf gezeugt haben.
- Es muß ein tierärztliches Gesundheitszeugnis vorliegen. Hierzu gehören außer den vorgeschriebenen Schutzimpfungen auch die inzwischen fast obligatorischen Leukose-Tests beziehungsweise Leukose-Impfbescheinigungen.

Zuchtkatze: Auch eine Katze muß sämtliche vom Verband geforderten Bedingungen erfüllen, um als Zuchtkatze zugelassen zu werden (Gesundheitsattest, Vollimpfungen).
Bei der ersten Deckung sollte sie mindestens ein Jahr alt sein. Manche Verbände geben ab dem 10. Lebensmonat eine »Ausnahme-Genehmigung zur vorzeitigen Deckung«, aber nur wenn diese vom Tierarzt aus medizinischen Gründen für erforderlich gehalten wird. Diese Begründung kann also nur im In-

teresse der Gesunderhaltung des Tieres liegen, zum Beispiel bei vorliegender Dauerrolligkeit, in deren Folge die Katze stark abmagern oder eine Gebärmutterentzündung bekommen kann.
Achtung: Als Verbandsmitglied sind Sie dazu verpflichtet, Ihrem Verband eine ansteckende Krankheit oder einen »Fehltritt« von Kater oder Katze zu melden.

Deckgebühr

Die Gebühr für eine erfolgreiche Dekkung liegt zwischen 500 und 1.000 DM. Sie ist fällig, wenn die Katze nach dem Deckakt wieder von ihrem Besitzer abgeholt wird. Dieser erhält vom Deckkater-Besitzer einen ausgefüllten Deckschein sowie eine Kopie des Kater-Stammbaumes.
Innerhalb von sieben Wochen ist der Katerbesitzer schriftlich zu informieren, falls die Deckung erfolglos war. In diesem Fall hat der Katzenbesitzer das Recht auf eine kostenlose Nachdeckung innerhalb eines Jahres. Kann der Katerhalter, aus welchen Gründen auch immer, die Katze in diesem Zeitraum nicht annehmen, ist er verpflichtet, die Hälfte der Deckgebühr an den Katzenbesitzer zurückzuzahlen. Die Deckgebühr bleibt jedoch in voller Höhe bestehen, wenn der Katzenbesitzer die zweite kostenlose Deckung nicht in Anspruch nimmt.

Partnerwahl und Paarung

Suchen Sie für Ihre Katze rechtzeitig einen passenden Kater aus und sprechen Sie schon einige Monate vorher mit seinem Besitzer. Scheuen Sie keine Entfernung und keine Kosten. Sie sollten den Partner nicht deshalb auswählen, weil er bei Ihnen »gleich um die Ecke« wohnt. Das zukünftige Paar sollte nicht nur vom äußeren Erscheinungsbild (Phänotyp) her zusammenpassen, sondern auch von den Erbanlagen (Genotyp), die aus dem Stammbaum ersichtlich sind.
Mein Tip: Der Deckakt sollte immer beim Kater stattfinden, da er der aktivere Partner ist. Die Katze geht also auf »Hochzeitsreise«, und zwar am zweiten Tag der Rolligkeit. Es ist außerdem von Vorteil, wenn einer der Paarungspartner bereits Erfahrung hat.
Wichtig: Vor der Paarung sollten Zuchtkater und Zuchtkatze immer entwurmt werden. Ausstellungstiere dürfen frühestens 14 Tage nach einer Ausstellung verpaart werden, sofern einer der Partner aus einer fremden Cattery kommt.
Annäherungsphase: Die Katze sollte dem Kater nicht einfach gegenüber gestellt werden, da sie seinem Werben sonst ganz ausgeliefert ist. Deshalb sollte der Deckkaterbesitzer im Paarungsraum ein »Trenngitter« anbringen, egal wie zahm und lieb beide Tiere sind. So können sie sich zunächst per Sicht- und Schnupper-Kontakt kennenlernen. Der Raum soll vor allem der fremden Katze Geborgenheit bieten.
Nach ein paar Stunden sind sich die beiden dann nähergekommen, so daß der direkten Begegnung von Katze und Kater nichts mehr im Wege steht.

In dieser gut gepolsterten Wurfkiste fühlt sich die werdende Katzenmama sichtlich wohl.

»Ruhen oder Spielen?« – das scheint hier die Frage.

Paarung: Die Katze reagiert gurrend auf das »Locken« des Katers und spätestens nach ein paar Stunden – eventuell auch erst am nächsten Tag – kommt es zur Paarung. Nach der Kopulation stößt die Katze einen durchdringenden Deckschrei aus, während sie sich blitzschnell »kugelt« und versucht, dem Kater eine Ohrfeige zu verpassen. Die ganze Zeremonie dauert zwei bis drei Tage, dann darf die Katze wieder nach Hause.
Ihre Katze braucht nun absolute Ruhe, gutes Futter und darf auf keinen Fall mit einem anderen potenten Kater zusammenkommen.

Schwangerschaft
Ob die Katze schwanger ist, läßt sich anfangs nur vermuten. In der ersten Zeit ist sie vielleicht besonders ruhig und schläft ausgiebig. Nach etwa 2 1/2 Wochen können Sie an den Zitzen eine Veränderung feststellen. Sie verfärben sich rosa und werden größer. Je nach der zu erwartenden Wurfstärke füllen sich ab der vierten bis fünften Woche die Flanken, und der Bauch wird runder. Jetzt dürfen Sie die werdende Mutter so richtig verwöhnen: ausgewogene Ernährung (→ Seite 36 bis 41), viel frische Luft und liebevolle Zuwendung.
In der Gebärmutter, den sogenannten Uterushörnern, liegen die Embryonen hintereinander, jeder Embryo in einer eigenen Fruchthülle. Die Anzahl der Jungen schwankt normalerweise zwischen drei und sechs Stück, mehr als neun gibt es aber kaum.
Katzen tragen zwischen 63 und 66 Tagen, aber auch 70 Tage sind noch normal.
Mein Tip: Sprechen Sie sich mit Ihrem Tierarzt ab, ob er im Notfall zum vermuteten Geburtstermin erreichbar ist.

Doch Katzen können problemlos beides vereinen.

Wurfkiste

Mindestens zwei Wochen vor dem Geburtstermin sollten Sie der werdenden Katzenmutter eine Wurfkiste anbieten (→ Zeichnung, Seite 51).

- Dazu brauchen Sie einen stabilen Pappkarton, der etwa 35 cm breit, 50 cm lang und 25 cm hoch sein sollte.
- Schneiden Sie auf einer der Längsseiten einen Einstieg für die Katzenmama aus, so daß noch etwa 10 cm Rand übrigbleiben. So purzeln die Kleinen später nicht heraus.
- Polstern Sie die Kiste zuerst dick mit Zeitungen aus, legen Sie eine Decke darauf und zum Schluß noch waschbare Tücher.
- Stellen Sie die Wurfkiste an einen ruhigen, zugfreien, etwas dunkleren Platz, dann wird sie bestimmt schon bald angenommen.

Mein Tip: Das »Wochenbett« alle drei bis fünf Tage desinfizieren und die Tücher auswechseln.

Die Geburt

Jede Katze kündigt die Geburt an. Vielleicht wird sie einige Stunden vorher noch schmusiger, manchmal auch ein wenig unruhig oder sie läßt Sie nicht mehr aus den Augen. Abwechselnd läuft sie zum Katzenklo, zur Wurfkiste oder sucht gar offenstehende Schränke auf. Kratzende oder scharrende Bewegungen (Nestbautrieb) zeigen an, daß das Ereignis kurz bevorsteht.

Mein Tip: Sind Sie unsicher, dann sollten Sie jetzt den Tierarzt informieren. Vielleicht kann Sie aber auch ein erfahrener Hobby-Züchter bei der Geburt beruhigend unterstützen.

Geburtsvorbereitung: Diese Dinge müssen Sie für die Geburt bereithalten:

• desinfizierte Schere (zur Desinfektion mindestens 70%igen Alkohol verwenden),
• Feinwaage,
• Papier und Stift für Geburtsnotizen,
• sterile Tücher.

Geburtsanzeichen: Hat die Katze schleimigen Ausfluß oder geht Fruchtwasser ab, steht die Geburt kurz bevor. Bei Erstgeburten stößt die Katze am Beginn der Wehen meist einen Schrei aus. Kurz vor der Geburt verändert der Bauchumfang seine Form: Das zusammengepfropfte »Fruchtpaket« zeichnet sich rechts und links ab. Weitere Anzeichen sind abstehendes Fell, beschleunigte Atmung und zunehmende Wehen.

Gelassen und geduldig erträgt die Katzenmama die Klettertour ihres Kindes.

Zitzen reinigen: Sind die oben beschriebenen Geburtsanzeichen zu erkennen, ist es Zeit, die Zitzen der Katze zu reinigen. Den talgartigen Belag vorsichtig mit sauberen Fingernägeln entfernen, ohne die Zitzen dabei zu verletzen. Ihre Katze wird diese Behandlung jetzt sicherlich genießen, weil dadurch die Wehentätigkeit und der Milchfluß angeregt werden.

Geburt: Während der Geburt ist die Katze sicher froh um Ihren beruhigenden Zuspruch. Vielleicht will sie auch Ihre Hand lecken, um sich in den Wehenpausen zu entspannen. Die stärkeren Preßwehen können Sie unterstützen, indem Sie bei jeder Wehe den Bauch der Katze an beiden Seiten leicht von vorne nach hinten massieren. Das erste Junge sollte ein bis drei Stunden nach Wehenbeginn geboren sein. Andernfalls müssen Sie den Tierarzt holen. Ein Katzenbaby kommt in Kopf- oder Steißlage auf die Welt. Es ist meist noch umgeben von der Fruchthülle, die von der Mutter sofort aufgerissen wird. Dann leckt sie das Kleine sauber und regt damit seine Atemtätigkeit an. Instinktiv putzt sie Nase und Mäulchen frei und das Kleine stößt seinen ersten »Schrei« aus. Kurz darauf wird mit der nächsten Wehe die Nachgeburt ausgetrieben und meist von der Katze gefressen. Dadurch wird der Milchfluß angeregt und wertvolle, körpereigene Energie zurückgeführt. Oft frißt die Katzenmama sogar erst die Nachgeburt auf, bevor sie die Nabelschnur nahe am Körper des Jungen mit den Zähnen durchbeißt.

Mein Tip: Zur Geburtserleichterung können Sie der Katze etwa eine Woche vorher täglich 1 Tablette Pulsatilla D 4 geben. Während der Geburt bei Bedarf alle 30 Minuten 1 Tablette Caulophyllum D 4 zur Wehenförderung verabreichen.

Wie man Geburtshilfe leistet

In der Regel braucht die Katze keine Hilfe bei der Geburt. Sie sollten erst einschreiten, wenn sie sich nicht sofort um die Neugeborenen kümmert:

• Als erstes müssen die Atemwege der Kleinen freigelegt werden. Entfernen Sie mit Daumen und Zeigefinger den Schleim von Nase und Mäulchen.

• Anschließend die Nabelschnur am besten mit den Fingernägeln im Abstand von etwa 3 cm zur Bauchdecke durchtrennen. Dies kommt dem Durchbeiß-Effekt der Katze am nächsten und die Blutgefäße verschließen sich besser. Trauen Sie sich das nicht zu, schneiden Sie die Nabelschnur mit einer stumpfen, sterilen Schere durch.

• Falls die Mutterkatze das Trockenlecken und Aktivieren des Babys nicht selbst übernimmt, müssen Sie es mit warmen Tüchern trockenreiben.

Danach lassen Sie die Kleinen am besten bei der Mutter, damit sie in ihre neue Rolle hineinwachsen kann.

Mein Tip: In den ersten Tagen nach der Geburt sollten Sie die Wurfkiste täglich desinfizieren und die Tücher erneuern, da die Katze noch nachblutet.

Die Entwicklung der Neugeborenen

Kartäuserbabys sehen aus wie kleine Wollknäuel, da über dem kurzen, dichten, silbriggrauen Fell die Grannenhaare abstehen, die erst mit der Zeit verschwinden. Bei der Geburt wiegen sie nur zwischen 80 und 140 g. Sie entwickeln sich jedoch enorm schnell. Während der ersten Lebensstunden hängen sie förmlich an den Zitzen der Mutter und schon bald hat jedes eine eigene Zitze für sich reserviert.

• Nach etwa sieben Tagen haben sie ihr Geburtsgewicht bereits verdoppelt.

• Nach acht bis zehn Tagen öffnen sie zum ersten Mal die Augen, die bei allen Kartäuserbabys am Anfang blau sind. Erst mit etwa sechs Wochen nehmen sie langsam die typische kupfer- bis orangerote Farbe an.

• Mit etwa 14 Tagen beginnen sie zu krabbeln und versuchen sich in tolpatschigen Spielen mit den Geschwistern.

• In der vierten Woche verlassen die Kätzchen zum ersten Mal ihr Nest, um anfangs noch stolpernd ihre Welt zu erkunden.

• Je nach Versorgung mit Muttermilch, müssen die Katzenkinder ab der vierten oder fünften Woche zusätzliches Futter erhalten (→ Ernährung, Seite 40).

• Spätestens jetzt suchen die Jungen auch das Katzenklo auf, das sie von der Mutter gezeigt bekommen. Sie ist nun nicht mehr bereit, den Analbereich ihrer Jungen zu putzen und Urin und Darminhalt zu schlucken.

• Jeweils in der sechsten und neunten Woche werden sie entwurmt und bald darauf geimpft (→ Impfplan, Seite 43).

Wichtig: Die Prägung für das gesamte Katzenleben liegt in Ihrer Hand. Deshalb dürfen Sie auch die seelische Betreuung Ihres Wurfes nicht vergessen, damit aus den Kleinen später aufgeweckte und zutrauliche Kartäuser werden.

Kurz nach der Geburt reagieren die Kleinen instinktiv fauchend auf uns. Nur durch das tägliche Nehmen gewöhnen sie sich unter gutem Zureden und sanftem Streicheln an die warmen Menschenhände.

Mein Tip: Sorgen Sie für eine streßfreie Umgebung der Neugeborenen. Ständiger Besuch, aber auch die dauernde Anwesenheit von anderen Artgenossen macht Katzenbabys hektisch und nervös. Nur in einem geborgenen und geschützten Raum können sie sich ungestört entwickeln. Eventuell müssen Sie für Katzenmutter und Katzenbabys ein eigenes »Kinderzimmer« bereithalten oder zumindest eine »Babyecke« – zum Beispiel kann ein Laufstall hier gute Dienste leisten. Der Phantasie sind hier jedoch keine Grenzen gesetzt.

Diese cremefarbene Britisch Kurzhaar hat die besten Aussichten prämiert zu werden.

Mit der Kartäuser zur Ausstellung

Über das Für und Wider von Katzen-Ausstellungen wird viel diskutiert. Für die einen ist es die Erfüllung ihres Hobbies, für die anderen grenzt es bereits an Tierquälerei. Meines Erachtens liegt die Wahrheit in der Mitte, denn bei richtigem Vorgehen kann den von Natur her ausgeglichenen Kartäusern fast jeglicher Streß erspart werden.

Für die meisten Kartäuser-Besitzer und Hobby-Züchter ist es fast ein Muß, ihren Vierbeiner wenigstens einmal in der »Erwachsenen-Klasse« auszustellen. Zeigt sich dabei allerdings, daß Ihr Liebling partout keine Ausstellungen mag, sollten Sie es bei dieser einen bewenden lassen. Sie ersparen Ihrem Tier Qualen und sich Ärger.

Mein Tip: Wenn Sie Ihre Kartäuser schon früher ausstellen, und zwar je einmal in der Babyklasse (drei bis sechs Monate) und in der Jugendklasse (sechs bis zehn Monate), verläuft das Ganze für Sie wie für die Katze streßfreier.

Voraussetzungen zur Teilnahme

Um an einer Ausstellung teilnehmen zu dürfen, müssen Sie einem Verband angehören, und Ihr Liebling muß alle Teilnahmebedingungen erfüllen. Der Verband informiert Sie rechtzeitig über die geplanten Ausstellungen.

Zur fristgerechten Anmeldung gehören ein korrekt ausgefülltes Anmeldeformular und ein beigelegter Zahlungsbeleg in Höhe der Ausstellungsgebühr.

Das wichtigste aber ist, daß die Katze ganz gesund und in Top-Kondition ist. Selbstverständlich darf auch keine Impfung fehlen.

Vorbereitungen zur Ausstellung

Für die Unterbringung Ihrer Katze während der Ausstellung wird Ihnen vom Verband ein Ausstellungskäfig gestellt. Informieren Sie sich rechtzeitig bei erfahrenen Ausstellern über die Käfiggrößen Ihres Verbandes. Sie können Ihnen sicher auch Tips zum Nähen der Vorhänge und deren zweckmäßige Befestigung am Käfig geben und Vorschläge für weitere Dekorationsmittel machen.

Nachdem Sie dann die erforderlichen Papiere und Ausstellungsutensilien wie Wassernapf, Katzenklo, Streu und Futter parat haben, sollten Sie sich mindestens zwei Wochen vor dem Termin intensiv um das Aussehen Ihrer Kartäuser kümmern (→ auch PRAXIS Pflege, Seite 26 und 27). Denn bei einer Ausstellung handelt es sich schließlich um einen Schönheitswettbewerb und Ihr Vierbeiner muß entsprechend »salonfähig« gemacht werden.

Mein Tip: Fettiges Fell rechtzeitig mit Spezialpuder behandeln (im Fachhandel erhältlich). Am Ausstellungstag darf sich jedoch kein Puderrest mehr im Fell befinden, sonst besteht die Gefahr der Disqualifikation.

Krallen kürzen: Inzwischen sind gekürzte Krallen bei den Ausstellungstieren von den meisten Verbänden Vorschrift. Die Krallen müssen allerdings mit einer Spezialzange (im Zoofachhandel erhältlich) geschnitten werden. Wenn Sie darin nicht geübt sind, sollte dies besser der Tierarzt vornehmen, da die Blutgefäße in den Krallenspitzen beim Schneiden leicht verletzt werden können.

Wenn Sie mit Ihrer Kartäuser an einer Ausstellung teilnehmen wollen, sollte die Katze hundertprozentig gesund und fit sein. Nur dann kann sich Ihr Liebling relativ gelassen und ruhig in seiner vollen Schönheit präsentieren.

Die Reise kann beginnen
Zur ersten Ausstellung sollte Ihr Liebling besonders behutsam geführt werden. Je nachdem, welche Distanz Sie zurücklegen müssen, ist rechtzeitiger Futterentzug angebracht (→ Verreisen mit der Kartäuser, Seite 28). Fahren Sie früh genug los, damit Sie trotz eventuell eintretender Hindernisse noch rechtzeitig dort sind.
Am Ziel angekommen, reihen Sie sich mit Ihrem Kartäuser zuerst zur Tierarztkontrolle ein. Eine Routinekontrolle, die Ihre Katze seelenruhig über sich ergehen lassen kann. Bevor Sie Ihren Transportbehälter auf den Kontrolltisch stellen, sollte der Tisch desinfiziert werden. Nach der Untersuchung erhalten Sie den Ausstellungskatalog, einen numerierten Ausstellungskäfig und ein numeriertes Halsbändchen für Ihren Liebling. Danach können Sie in aller Ruhe Ihren »Platz« aufsuchen und den Käfig nach der Desinfektion dekorieren. Anschließend setzen Sie Ihren Liebling, versehen mit Halsband und »Startnummer«, hinein. Wenn er sich an die neue Situation gewöhnt hat und sich vielleicht sogar zu einem Schläfchen hinlegt, sollten auch Sie sich entspannen. Meist gibt es freundliche Ausstellungsnachbarn, so daß man sich im Betreuen sogar ablösen kann.

Die Bewertung durch den Richter
Auf den meisten Ausstellungen werden die Tiere von den dafür bestimmten »Stewards« dem Richterkollegium vorgestellt. Sie tragen die Katze vom Ausstellungskäfig zum Richtertisch. Aufgrund dieser Anonymität der Katze ist gewährleistet, daß das Richterurteil nicht beeinflußt wird.
Für Kartäuser sind jeweils ein oder zwei Richterinnen oder Richter eingeteilt. Ein einmal gefälltes Richterurteil ist unanfechtbar.

Mein Tip: Nehmen Sie jede Bewertung gelassen hin. Der Richter ist auch nur ein Mensch und muß seine Entscheidung innerhalb kürzester Zeit treffen.

Punkte-Skala für die Bewertung einer Ausstellungskatze
Insgesamt kann eine Katze auf einer Ausstellung maximal 100 Punkte erreichen, die sich so zusammensetzen:
- Kopf: 30 Punkte
(allgemeine Form, Nase, Kiefer und Gebiß, Stirn, Kinn, Plazierung und Form der Ohren; Form, Größe und Plazierung der Augen)
- Augenfarbe: 10 Punkte
- Körper: 20 Punkte
(Körperbau, Größe, Knochenbau, Form der Beine und Pfoten, Form und Länge des Schwanzes)
- Fell: 35 Punkte
(Farbe und Fellqualität)
- Kondition: 5 Punkte.

Ausstellungsklassen
Nach dem FIFe-Reglement kann eine Kartäuser von der Babyklasse (drei bis sechs Monate) bis zum »Europa Grand International Champion« der Reihe nach durch sieben Klassen aufsteigen. Voraussetzung für ein Weiterkommen ist, daß sie zunächst einmal die Note »vorzüglich« erhält. Damit hat sie Aussicht auf den »Rassesieg« beziehungsweise auf die Nomination »Best in Show«, das heißt unter die Besten aller Kurzhaar-Rassen zu kommen.

Titel für erhaltene Zertifikate
Am Beispiel der vier Champion-Klassen (Erwachsenenklassen) soll gezeigt werden, welche Punktzahl von einer Kartäuser wie oft erreicht werden muß, damit sie den jeweiligen Titel erhält. Bedingung ist, daß die Zertifikate von mindestens drei verschiedenen Richtern vergeben werden.

• Ab zehn Monaten (Erwachsenenklasse) startet eine Kartäuser in der Champion-Klasse, Kastraten beginnen in der Premior-Klasse. Um diesen Titel zu erreichen, muß sie auf drei verschiedenen Ausstellungen innerhalb eines Landes das CAC erreichen (Kastraten: CAP), das heißt, jeweils mit mindestens 93 Punkten bewertet werden.
• Der nächsthöhere Rang ist der International Champion (Kastraten: International Premior). Um diesen Titel zu erreichen, muß eine Kartäuser auf drei verschiedenen Ausstellungen innerhalb zweier Länder das CACiB erreichen (Kastraten: CAPiB), das heißt, jeweils mit mindestens 95 Punkten bewertet werden.
• Dann folgt der Grand International Champion (Kastraten: Grand International Premior). Um diesen Titel zu erreichen, muß eine Kartäuser auf sechs verschiedenen Ausstellungen innerhalb dreier Länder das CAGCiB erreichen (Kastraten: CAGPiB), das bedeutet, jeweils mindestens 96 Punkte erhalten.
• Der nächsthöhere Rang lautet Europa-Champion (Kastraten: Europa-Premior). Diesen Titel bekommt die Katze, wenn sie in neun verschiedenen Ausstellungen innerhalb dreier Länder das CACE erreicht (Kastraten: CAPE), das heißt, jeweils mindestens 97 Punkte erhält.

Die Abkürzungen der Zertifikate bedeuten:
• CAC: Certificat d'Aptitude au Champion.
• CACiB: Certificat d'Aptitude au Champion International de Beauté.
• CAGCiB: Certificat d'Aptitude au Grand Champion International de Beauté.
• CACE: Certificat d'Aptitude au Champion d'Europe.

Für eine erfahrene Kartäuser bedeutet eine Katzen-Ausstellung keinerlei Streß.

Sachregister

Die in **halbfett** gesetzten Seitenzahlen verweisen auf Farbfotos und Zeichnungen. U = Umschlagseite.

Von klein auf aneinandergewöhnt, vertragen sich Hund und Katze bestens.

Adressen

Katzenverbände

Fédération Internationale Féline (FIFe), Boerhaevelaan 23, NL-5644 BB-Eindhoven
Erster Deutscher Edelkatzenzüchterverband (1. DEKZV), Berliner Str. 13, 35614 Aßlar
Deutsche Rassekatzen Union e.V. (DRU), Hauptstr. 56, 56814 Landkern
Fédération Féline Helvetique (FFH), Solothurnerstr. 83, CH-4053 Basel
Felikat, Vuurtorenstraat 7, NL-1976, CJ Ijmuiden, Holland
Interessengemeinschaft für Britisch Kurzhaar & Europäisch Kurzhaar im 1.DEKZV, Am Utforter Graben 32, 47445 Moers
Klub der Katzenfreunde Österreichs (KGÖ), Castellezgasse 8/1, A-1020 Wien
Mundikat, Kerkstraat 12, NL-9649, GR Muntendam, Holland
Österreichischer Verband für die Zucht und Haltung von Edelkatzen (ÖVEK), Liechtensteinstr. 126, A-1090 Wien

Zeitschriften in deutscher Sprache

»das Tier«, Hallwag Verlag, Brunnwiesenstr. 23, 73760 Ostfildern
»die edelkatze«, Verbandszeitschrift des 1. DEKZV, Berliner Str. 13, 53614 Aßlar
»katzen«, Verbandszeitschrift der DRU, Hauptstr. 56, 56814 Landkern

»Katzen extra«, Symposion Verlag, Postfach 610265, 70309 Stuttgart

Zeitschriften in englischer Sprache

»Cats magazine«, P.O.Box 557, Washington PA, 15301, USA
»CFA-Yearbook«, Marna Fogarty, Deer Lane, South Londonderry, Vermont 05155, USA
»Fur and Feather«, Idle, Bradford, Yorkshire, BD 108 NL, England

Bücher, die weiterhelfen

Behrend, K.; Wegler, M.: *Der große GU Ratgeber KATZEN*. Gräfe und Unzer Verlag, München
Behrend, K.: *Katzen richtig pflegen und verstehen.* Gräfe und Unzer Verlag, München
Hart, B. L. und L. A.: *Verhaltenstherapie bei Hund und Katze.* Ferdinand Enke Verlag, Stuttgart.
Leyhausen, P.: *Katzen – Eine Verhaltenskunde*. Parey Verlag, Berlin
Morris, D.: *Catwatching.* Heyne Verlag, München.
Müller, U. und H.: *Die kranke Katze*. Gräfe und Unzer Verlag, München.
Robinson, R.: *Genetik für Katzenzüchter.* In deutscher Sprache über Topp & Möller in Detmold erhältlich
Wolff, R.: *Katzen.* Ulmer Verlag, Stuttgart

Die Fotografin

Die Fotos in diesem Buch stammen von Ulrike Schanz, die als freie Fotodesignerin arbeitet und sich seit einigen Jahren erfolgreich auf Tierporträts spezialisiert hat.

Die Zeichnerin

Renate Holzner arbeitet als freie Illustratorin in Regensburg. Ihr breites Repertoire reicht von Strichzeichnungen über fotorealistische Illustrationen bis hin zur Computergrafik.

Der Autor

Der in München lebende Autor und Hobby-Züchter Friedhelm Lessmeier hat mit seinen Kartäusern unter dem Familiennamen »Bavarians Blue« seit Jahren unzählige Erfolge und internationale Anerkennung erlangt.

Dank

Autor und Verlag danken den beiden Fachtierärzten Herrn Dr. med. vet. Franz-Josef Denninger und Herrn Dr. med. vet. Rasso Selmaier für die kompetente Begutachtung der Kapitel »Kartäuser richtig ernähren« und »So bleibt die Kartäuser gesund«.

Die Fotos auf dem Buchumschlag

Umschlagvorderseite: Ein stattlicher, international hochprämierter Kartäuser: Gr. Int. Champion »Bavarians Blue Big William« aus der Zucht des Autors.
Umschlagrückseite: Ein Lilac-Kätzchen, ebenfalls aus der Zucht des Autors.

Redaktion: Anita Zellner
Lektorat: Mirjam Baumann
Fotos: Ulrike Schanz
Zeichnungen: Renate Holzner
Herstellung: Eva Hehemann
Umschlaggestaltung: Heinz Kraxenberger
Satz: Filmsatz Schröter
Reproduktion: Penta Repro
Druck und Bindung: Stürtz

ISBN 3-7742-2693-8

Auflage 4. 3. 2. 1.
Jahr 99 98 97 96

Wichtige Hinweise
Beim Umgang mit Katzen kann es durch Kratzen und Beißen zu Verletzungen kommen. Lassen Sie solche Verletzungen sofort vom Arzt versorgen.
Lassen Sie bei Ihrer Katze unbedingt alle notwendigen Schutzimpfungen und Entwurmungen (→ Seiten 42 und 43) ausführen, da sonst eine erhebliche gesundheitliche Gefährdung von Mensch und Tier möglich ist. Einige Krankheiten und Parasiten sind auf den Menschen übertragbar (→ Seite 44). Zeigen sich bei Ihrer Katze Krankheitsanzeichen (→ Seiten 42 bis 48), sollten Sie unbedingt einen Tierarzt zu Rate ziehen. Gehen Sie im Zweifelsfall selbst zum Arzt und weisen Sie ihn auf die Katzenhaltung hin.
Es gibt Menschen, die allergisch auf Katzenhaare reagieren. Fragen Sie im Zweifelsfall vor der Anschaffung Ihren Arzt. Es besteht die Möglichkeit, daß Katzen Schäden an fremdem Eigentum anrichten oder gar Unfälle verursachen. Ein ausreichender Versicherungsschutz liegt im Eigeninteresse; Sie sollten eventuell haftpflichtversichert sein.

So außergewöhnlich wie es scheint, ist diese Freundschaft gar nicht. In seiner tollpatschigen Unbefangenheit hat es ein Kartäuserbaby nicht allzu schwer, den Beschützerinstinkt und die Zuneigung eines Hundes zu gewinnen – vorausgesetzt der Hund ist von Natur aus gutmütig und nie auf Katzen gehetzt worden.